日本を戦争する国にしてはいけない

違憲安保法案「ねつ造」の証明

参議院議員
「安保法制に関する特別委員会」委員
小西洋之 著

E出版

戦後日本は再び戦争はしない、武器は持たないと、世界に公約した『憲法』が制定されました。しかし、いま集団的自衛権の行使容認を押しつけ、憲法改正を押し進め、戦時中の時代に逆戻りしようとしています。今政府が進めようとしている戦争につながる安保法案は、被爆者をはじめ平和を願う多くの人々が積み上げてきた核兵器廃絶の運動、思いを根底から覆そうとするもので、許すことはできません。

２０１５年８月９日　長崎原爆犠牲者慰霊平和祈念式典

被爆者代表　谷口稜曄氏

はじめに

この本は、国民の皆さんが「憲法を取り戻す」ためのものです。

安倍総理が進める「安保法制」という法律を止めて、私たちの憲法9条を守り、私たちの民主主義を守るための本です。

また、万が一、安保法制が強行採決され、法律として成立しても、それが「憲法違反なのだ」「違憲の法律は無効であり、国民の皆さんの憲法は何ら変わっていないのだ」ということをお伝えし、主権者である皆さんの手に憲法を取り戻していただくためのものです。

憲法9条がある限り集団的自衛権は、9条の条文そのものを変えない限り行使できない。

つまり、主権者の手による憲法改正をする以外に手段がない。

これが、60年以上の間、国民の皆さんを代表する国会が、歴代政府との間で一貫して確立していた解釈でした。

この変わるはずのない、変えられるはずのない憲法解釈がなぜ変わってしまったのか。
そこには、とんでもない「解釈改憲のからくり」があるのです。

そのからくりを、「憲法違反の理由」を、わかりやすくご説明します。憲法が初めての方にも、年配の方にも、若い方にも、また、小さなお子さんの未来を心配する親御さんにも、すべての方に知っていただきたいと思います。

集団的自衛権行使に反対でも、賛成でも、どちらでなくとも、すべての方に読んでいただきたいと思います。

なぜなら、憲法は、安倍総理のものでも与党議員のものでもない。

憲法は、主権者の皆さんだけのものなのですから。私たちの憲法なのですから。

「解釈改憲のからくり」は、実は、憲法9条の解釈について書いたある政府文書の中の、たった一言の言葉を安倍内閣に都合のいいように読み替えた、という不正によるものです。

そして、その不正は、真相を知っていただければ、中学生や高校生でもおかしいとわかるような手口です。この「安倍総理の手口」を、目からウロコに解明します。

また、それを通じて、そもそも私たちの憲法9条ってなんだろう、ということもご理解いただけます。


私は、国会議員として5年間、また、その前は霞が関の官僚として12年間、憲法と法律を扱う仕事をしてきました。そうした経験から、参議院で、２０１４年から安倍総理の解釈改憲と安保法制を厳しく追及してきました。その中で「解釈改憲のからくり」を暴くことができました。そして、この論点は、安保法制を審議する衆議院の特別委員会においても、野党議員からもっとも多くの時間を費やして懸命な追及が重ねられました。

しかし、その「からくり」が国民の皆さんや報道機関に十分に明らかになる前に、安倍総理と与党は法案を強行採決したのです。


今、私は、安保法制を審議する参議院の特別委員会の委員となっています。同僚の議員とともに全力でこの違憲立法と闘っています。

しかし、どれほど政府を論破しても、彼らはすれ違いやごまかしの答弁でその場をしのぎ、いずれやってくる強行採決のタイミングを見はからっているのです。

もはや、国民の皆さんにこの恐るべき事態を知っていただき、自らの手で憲法を守っていただくために立ち上がっていただくほかない。立ち上がっていただく必要がある。

それが、国民の皆さんより課せられた憲法遵守・擁護義務（第99条）を果たすため、本書を書いた一議員としてのやむにやまれぬ思いです。

安倍総理ではなく与党議員でもなく、私たちと未来の子どもたちが主人公である社会を守り抜くために。

そして、私たちが私たちであるために。

２０１５年８月10日

「安保法制に関する特別委員会」質疑後の議員会館にて

参議院議員　小西洋之

日本を戦争する国にしてはいけない――違憲安保法案「ねつ造」の証明●目次

編集　星野智恵子（冬芽工房）
本文DTP・デザイン　NOAH

憲法9条の解釈はゆるがない

❖安保法制の集団的自衛権行使は「憲法違反」

２０１５年７月16日、衆議院の本会議で、集団的自衛権行使などを可能にする安保法制が与党の賛成により可決されました。前日の安保法制に関する特別委員会において、安倍総理自らが「**世論調査等の結果から、残念ながらまだ国民の皆さんが十分にご理解をいただいているという状況ではない**」と認めながらの強行採決でした。

そして、参議院では、７月24日から審議が始まりました。しかし、参議院においては、憲法の定めにより60日以内に法案が議決されない場合は、衆議院で３分の２以上の多数で再可決をし、安保法制を成立させることができます。

もはや、参議院議員だけでは、安保法制を止めることはできません。

今からお話することは、なぜ、集団的自衛権行使の解釈改憲が「憲法違反」であり、

「違憲」なのかのご説明です。

安保法制審議の最中の6月4日、衆議院憲法審査会で、3名の憲法学者の方々が「違憲だ」と証言しました。しかも、そのうちの一人は、与党が推薦した参考人でした。それでもなお、安倍政権は引き続き「合憲だ」と主張しています。

いったいどちらが正しいのでしょうか。それを、目からウロコが落ちるように、わかりやすくお話しします。

最初に答えを申し上げると、安保法制は、明らかな「違憲」です。

実は、真相を知っていただければ、高校生あるいは中学生でも容易に理解できるような、真っ黒な「違憲」です。

つまり、**私がこれからお話するのは、安倍政権による憲法9条の解釈改憲、集団的自衛権行使の解釈改憲の核心に迫り、それを根底から否定するものです。**解釈改憲の根拠が倒れれば、11本の法律からなる安保法制も、根こそぎ倒れます。

そうなれば、安倍政権は２０１４年の７月１日にこの解釈改憲を７・１閣議決定で強行し、そして、それにもとづいて違憲の安保法制を国会に提出していますから、当然、政治責任をとらなければいけません。

また、アメリカ政府や、4月29日にはアメリカ議会で、安保法制を「この夏までに、成就させます」「この夏までに、必ず実現します」と勝手な国際公約までしていますから、外交責任をとらなければなりません。

私がお話するのは、まさに安保法制を止めて、安倍政権に退陣していただくための核心論点です。これを国民の皆さんに知っていただいて、皆さんにこれはおかしいと言っていただければ、安保法制を倒すことができます。

それは、時計の針を一年前に、たった一年前に戻し、国民の皆さんの憲法と日本の民主主義を取り戻すことです。そして、まともな政治を取り戻したあとで、日本の外交や安全保障政策のあり方について、あらためてひろく国会や社会で健全な議論を行えばよいのです。

❖集団的自衛権行使は、憲法改正以外に不可能

まず2014年7月1日の7・1閣議決定によって解釈改憲される前の、憲法9条と集団的自衛権の関係から始めましょう。

私が国会質問やプレゼンテーションの際によく使うフリップボードを使いながらお話しします。

2014年7月1日まで、長年の国会審議を通じて、「憲法9条と集団的自衛権の行使については、解釈の変更の余地すらなく、憲法9条の条文そのものを変えなければできない。つまり、憲法改正以外に手段がない」というのが、確立された憲法9条の解釈でした。解釈の変更では、あらゆる集団的自衛権行使は不可能、憲法9条の条文そのものを変えない限りできない、というものです。

その代表的な答弁が左のフリップのようなものです。

1983年（昭和58年）衆議院予算委員会で、当時の角田礼次郎内閣法制局長官がこう言っています。

もし、集団的自衛権行使を憲法上認めたいのであれば、それは憲法改正という手段を当

〈図1〉

昭和58年2月22日　角田 長官答弁

○角田内閣法制局長官

集団的自衛権の行使を憲法上認めたいという考え方があり、それを明確にしたいということであれば、**憲法改正という手段を当然とらざるを得ない**と思います。したがって、そういう手段をとらない限りできないということになると思います。

○安倍外務大臣

法制局長官の述べたとおりであります。

○谷川防衛庁長官

法制局長官の述べたとおりでございます。

然とらざるを得ない、憲法改正しない限りできない。そう明確に言い切っています。

続けて、質疑者の議員から、「我が国の憲法では集団的自衛権の行使はできない、これは政府の解釈である、これを『できる』という解釈に変えるためには、憲法改正という手段をとらない限りできない。この角田内閣法制局長官の見解は、外務大臣、防衛庁長官、一致ですか」と、重ねて問われた安倍外務大臣は、「法制局長官の述べたとおりでありまず」と答えています。

この当時の安倍外務大臣とは、安倍晋太郎さん。安倍総理のお父さんです。

次の谷川和穂防衛庁長官は、今では防衛省の大臣になりますが、彼も、「法制局長官の述べたとおりでございます」と答えています。

また、平成２年10月24日、当時の工藤敦夫内閣法制局長官は、この角田長官の答弁を追認する形で「集団的自衛権行使を憲法上認めるためには、憲法改正以外に手段がない」という趣旨を答弁しています。このように単に「集団的自衛権行使は憲法違反である」と言うだけではなく、法的にはまったく同じ意味ではありますが、「憲法９条の条文を変えない限り、集団的自衛権の行使は不可能」と明言した政府答弁は複数あるのです。

憲法9条は、あやふやだというような、誤った議論が一部の国会議員などを中心にされてきましたが、これはまったく間違いで、憲法9条は憲法制定議会、そして、戦後すぐの議会のときから一貫して、その基本的な考え方は変わっていません。

戦争の放棄や戦力の不保持などを明確に定めた憲法9条は、その条文の日本語を素直に受け止めて、**「我が国として国際関係において実力の行使を行うことを一切禁じているように見える」**（平成16年6月18日政府答弁書）、つまり、日本は国として一切の戦い――武力を行使すること――が禁止されているように見えます。しかし、「日本が外国による武力攻撃、つまり、日本が外国から侵略を受けることがあった場合に、それから何の罪もない日本国民の生命を守るために、その外国の軍隊の攻撃を正当防衛で防いで跳ね返し、その侵略行為を排除すること」、これだけはできる。逆に、だから、「日本は武力攻撃を受けずに同盟国のみが侵略を受けている状況で、その同盟国を助けるために行う武力行使である、集団的自衛権の行使はできない」のだ。この完璧すぎる論理、とてもシンプルで合理的な考え方が一貫しているのです。

だから安倍総理のようないろんな政治家が、なんとかして9条を壊そうとしましたが、60年以上壊せなかったのです。

ところが、「憲法9条の条文そのものを変える憲法改正以外に、手段がない」とされていた集団的自衛権の行使が、なぜ、7・1閣議決定による「解釈の変更」で可能になったのかというと、それは根本でめちゃくちゃなインチキをしているからです。

安倍内閣は、なぜ憲法の条文そのものを改正しない限りできないと言われていた集団的自衛権の行使ができると主張しているのでしょうか。

私は、衆議院の安保法制に関する特別委員会が始まる前から、参議院でそのインチキの「からくり」を暴き、政府を厳しく追及してきました。そして、特別委員会が始まったあとも、民主党の国会議員により、さらなる追及が重ねられていたのですが、まさに、安倍総理と与党は、国民の皆さんやマスコミにそのからくりが十分理解される前に、強行採決をしたのです。

憲法9条は国会でもっとも論議されてきた条文なので、これまで憲法9条と集団的自衛権行使の関係について何度も政府見解（政府としての憲法解釈）が出されています。その内容は法的にはまったく同じです。当たり前です。法治国家として、憲法解釈は一貫していなければならないのですから。

〈図2〉

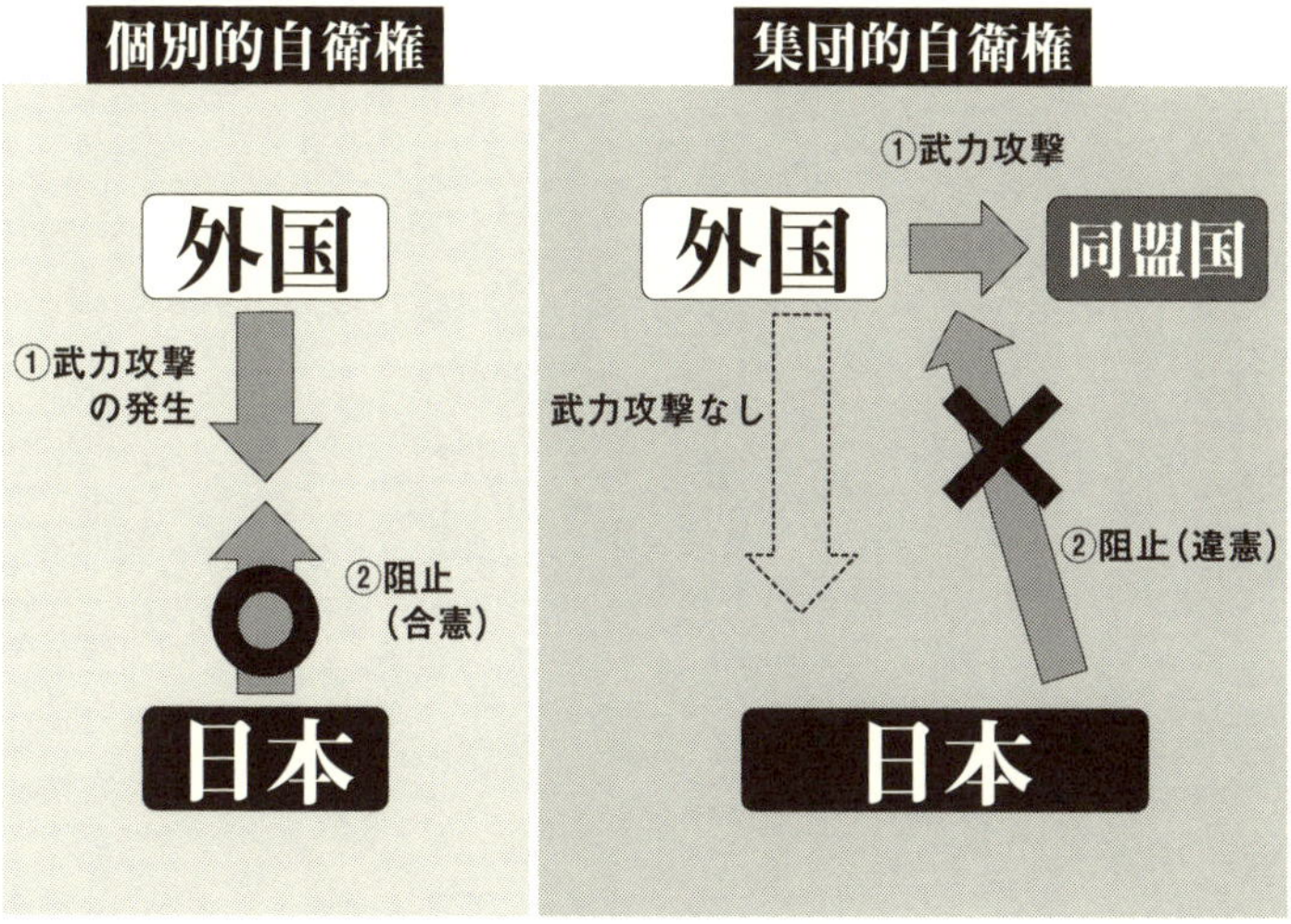

第２章 戦争の放棄

第９条　日本国民は、正義と秩序を基調とする国際平和を誠実に希求し、国権の発動たる戦争と、武力による威嚇又は武力の行使は、国際紛争を解決する手段としては、永久にこれを放棄する。

２　前項の目的を達するため、陸海空軍その他の戦力は、これを保持しない。国の交戦権は、これを認めない。

ところが、憲法９条の数ある政府見解の中で、昭和47年に作られ国会に提出された昭和47年政府見解というものだけに、唯一、安倍政権が解釈改憲を強行することができる「余地」があったのです。その「余地」というものがどんなものか、今からご説明しましょう。

昭和47年政府見解の読み替えというマジック

❖ 昭和47年政府見解に集団的自衛権行使が存在していた?!

これは、びっくり仰天させられる話です。

ひとことで言うと、２０１４年７月１日の、安倍政権の閣議決定による解釈改憲というのは、「昭和47年政府見解の中に、実は集団的自衛権の行使が書かれていたんだ」というものなのです。

昭和47年ですので、42年ぶりに昭和47年政府見解をていねいに読み直してみたら、実はその中にもともと、昭和47年の当時から「憲法９条で集団的自衛権の行使が可能である」

〈図3〉

昭和47年（1972）の政府見解のポイント
（第3段落）

基本的な論理①

憲法は、第9条において、・・・前文において、・・・第13条において、・・・わが国がみずからの存立を全うし国民が平和のうちに生存することまでも放棄していないことは明らかであって、自国の平和と安全を維持しその存立を全うするために必要な自衛の措置をとることを禁じているとはとうてい解されない。

基本的な論理②

しかしながら、だからといって、平和主義をその基本原則とする憲法が、右にいう自衛のための措置を無制限に認めているとは解されないのであって、それは、あくまで**外国の武力攻撃によって国民の生命、自由及び幸福追求の権利が根底からくつがえされるという急迫、不正の事態に対処し、国民のこれらの権利を守るための止むを得ない措置**としてはじめて容認されるものであるから、その措置は、**右の事態を排除するためとられるべき必要最少限度の範囲**にとどまるべきものである。

帰結（あてはめ）

そうだとすれば、わが憲法の下で武力行使を行なうことが許されるのは、わが国に対する急迫、不正の侵害に対処する場合に限られるのあって、したがって、他国に加えられた武力攻撃を阻止することをその内容とするいわゆる集団的自衛権の行使は、憲法上許されないといわざるを得ない。

と書かれていたと彼らは言っているんです。

本当にそう言っています。２０１４年の７・１閣議決定の中にも、しっかりとそう断言してあります。


え？　昭和47年政府見解の中のどこに書いてあるのでしょうか？　前頁の図3は、7・1閣議決定で解釈改憲をやった後の7月14日の国会で、ある与党議員が現在の内閣法制局長官である横畠裕介氏との質疑で使ったフリップを、内容はそのままに一部加工したものですが、これをよく見てください。

まず、書いてある言葉の意味を上から順番に説明します。もともと抜けている内容もおぎなっていきます。

◆基本的な論理①
憲法は、第9条において、戦争の放棄や戦力の不保持などを定めています。けれども、憲法の前文において、日本国民の平和的生存権、日本国民が外国の侵略を受けた時に殺されてはならないという平和的生存権を定めているし、憲法13条において、国家は国民の命を最大限守りなさいと書いてあります。

だから、日本という国が、国としての主権をちゃんと維持して、国民が平和のうちに生きていく、そういうことまでは憲法9条であっても放棄していないはずです。

したがって、その国民の生命（生存）を守るための必要な自衛の措置、わかりやすく言えば戦いをすることまでは憲法9条が放棄しているとは解されない。

◆基本的な論理②

しかしながら、自衛の戦いができるからといって、なんでもかんでもできるわけではありません。

その国民の生命を守るためのぎりぎりの戦いというのは、平和主義が基本原則の憲法なのですから無制限ではなく、平和主義の制限に服さなければいけないんだということを言っています。

そうすると、結論として、それはあくまで外国の武力攻撃によって日本国民の生命、自由及び幸福追求の権利が根底からくつがえされる、そういう究極の事態があったときに、そうした事態から国民のかけがえのない生命や権利を守るためのやむを得ない措置として、必要最小限度の戦いだけができるんだ、という考え方になります。

◆帰結（あてはめ）

こうした考え方をわかりやすく言えば、日本という国が、武力を用いた戦いである武力行使ができるのは、日本に対して外国の武力攻撃が発生するという急迫、不正の侵害に対処する場合に限られます。しかし、集団的自衛権の行使というのは、そもそもその定義からして、「日本に対する外国の武力攻撃は発生していないのだけれども、ある国から武力攻撃を受けている同盟国などを助けるために、日本がその武力攻撃を阻止するために武力行使をする」ことです。したがって、日本は自分の国に対して外国の武力攻撃が発生したときにしか武力行使ができない以上、集団的自衛権の行使は憲法違反とならざるを得ない、という結論になります。

さて、「**帰結（あてはめ）**」という箇所に、集団的自衛権という言葉は出てきますが、それは否定の文脈で、「集団的自衛権の行使は、憲法上許されないと言わざるを得ない」という結論をみちびくためです。

つまり、この昭和47年政府見解は、憲法9条において集団的自衛権は憲法違反だから行使できないということを記した文書なんです。

❖根拠は、たった一言の読み替え

ところが安倍政権は、いや違う、と言います。これは、この中に集団的自衛権が認められている文書なんだと。

これから詳しくお話しますが、その根拠は、この文章の中のたった一言なんです。**解釈改憲というのは、実はたった一言の日本語を、自分たちの都合のいいように読み替えている、というそれだけの話なんです。**

憲法9条では集団的自衛権の行使は憲法違反でできない、という結論が書かれた昭和47年政府見解、ここからどうやって、この中に集団的自衛権が認められていると主張することができるのでしょうか。

図3の「**基本的な論理②**」というところに下線をひいた「**外国の武力攻撃**」という言

〈図4〉

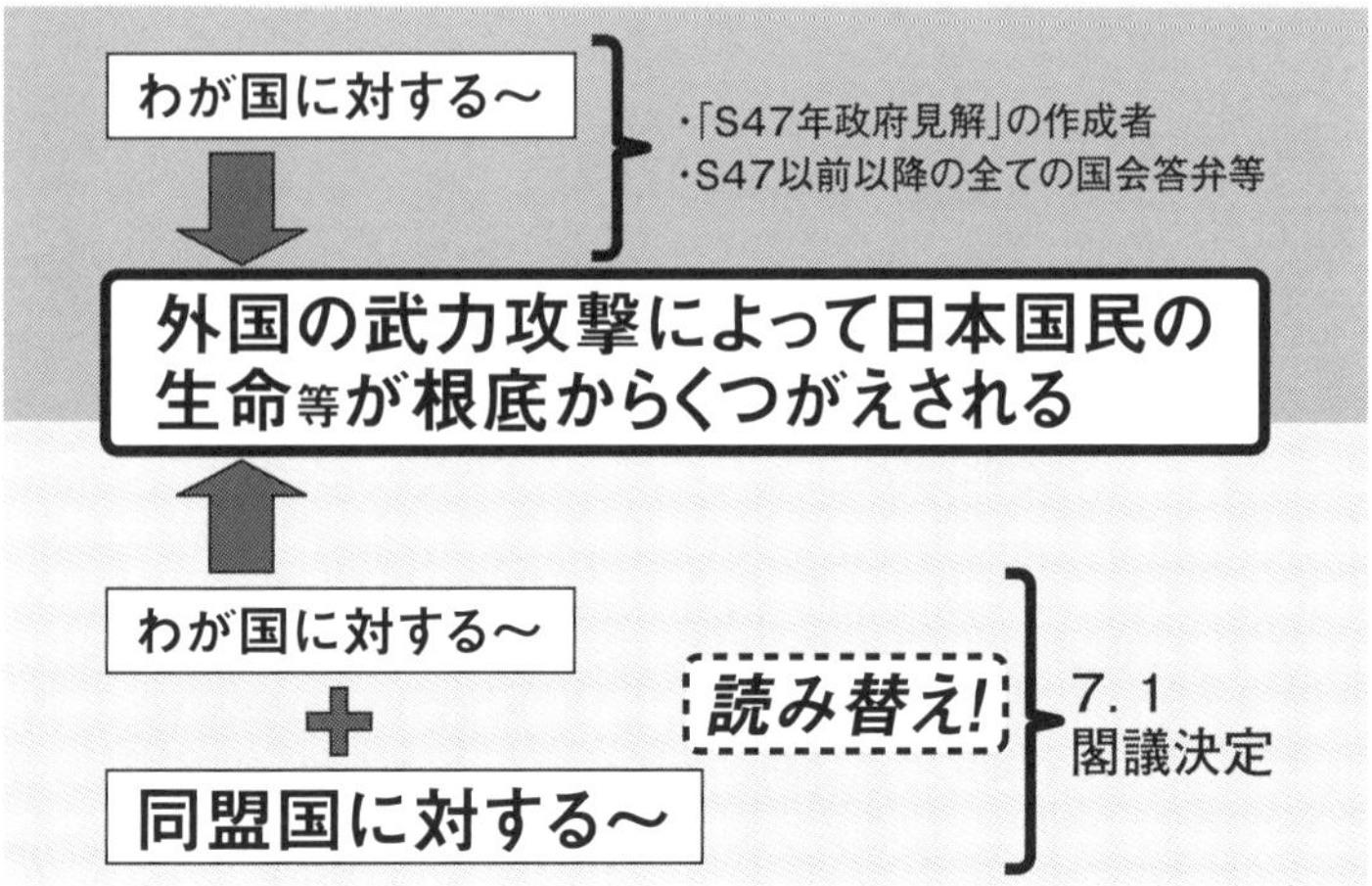

葉がありますね。これを、じぃーっと、よ～く見てください。

「誰に対する」と、書いてないですよね（ここで、「あっ」と思われた方は、ものすごく鋭いですが、そうでない方もまったく気にされず、続きをどうぞ）。

この下線の「外国の武力攻撃」の後につづく文章「国民の生命、自由及び幸福の追求の権利」というところを短く縮めて「日本国民の生命等」と言いかえたのが、図4の「外国の武力攻撃によって日本国民の生命等が根底からくつがえされる」という言い方です。

安倍内閣は、この「外国の武力攻撃」という言葉が「裸で書かれているじゃないか」と言い始めたのです。裸、つまり「誰に対する」ものか限定されていないだろう、と。

普通は、先ほどの説明の内容からして、**我が国、日本国に対する外国の武力攻撃によって日本国民の皆さんの生命などが根底からくつがえされる、そういうふうに読むはず**なんですが、安倍政権は、「誰に対するものか限定されてない」と言うのです。「我が国に対する」というのは当然読めるが、それ以外に、日本の大切な国である「同盟国に対する」も入っているはずだ、と。そう解釈すれば、この文章は、「同盟国に対する外国の武力攻撃によって、日本国民の生命などが根底からくつがえされる」という意味になるのだと主張するのです。

これに具体的な国の名前をあてはめてみます。同盟国はアメリカで、外国はイランとします。そうすると、「**アメリカに対するイランの武力攻撃によって、日本国民の生命などが根底からくつがえされる**」となる。

これは、政府の言うホルムズ海峡の事例ですよね。

ええっ？　と思われましたよね。私も、この話を初めて聞いたときは、耳を疑いました。実は、２０１４年の７月１日の閣議決定以降、解釈改憲を国会で追及していて、核心的な論点のはずなのに、どうにもこうにもまるっきり噛み合わないところがあったんですね。それで、彼らはひょっとしてこんなふうに考えているんじゃないかと薄々思っていたんですが、２０１５年の３月、横畠内閣法制局長官から直接、「実は、こういうふうに考えています」と白状させました。そして、次の日、３月24日の国会で、さっそく証拠の答弁をとりました。

横畠長官に対して、「あなたほんとにそう考えているんですか？」と聞きました。昭和47年政府見解にある「外国の武力攻撃」というのは、同盟国、ようするに我が国ではない他国ですが、「同盟国に対する外国の武力攻撃ということも概念に含んでいるんですか？」というふうに聞いたんです。そんなものが含まれているなんて、そんな馬鹿なことがあるはずはないんですが、「でも、含んでいるというふうに考え始めたのは、横畠長官、あなたが初めての内閣法制局長官ですか？」と質問したら、こういうふうに答えたんですね。

「同様に考えていた者がいたかどうかはわからないけれど、この昭和47年の政府見解その

〈図5〉

昭和47年見解の「読み直し」

○小西洋之君

同盟国、我が国でない他国に対する外国の武力攻撃ということもここに概念的に含まれるというふうに考え出したのは、横畠長官、あなたが初めての法制局長官ということでよろしいですね。

○横畠内閣法制局長官

同様に考えていた者がいたかどうかは存じませんが、この昭和四十七年の政府見解そのものの組立てから、**そのような解釈、理解ができる**ということでございます。

（2015年3月24日答弁）

ものの組立てから、そのような解釈、理解ができる」

つまり、昭和47年政府見解には、「同盟国に対する外国の武力攻撃によって、日本国民の生命などが根底からくつがえされる」という集団的自衛権の行使が含まれている、つまり、集団的自衛権行使が憲法9条で認められると書いてあるんだ、と答弁したんですね。

でも、ここでみなさんは、昭和47年政府見解のいちばん最後の「帰結（あてはめ）」という箇所には、「集団的自衛権の行使は、憲法上許されないと言わざるを得ない」と書いてあるじゃないか、とおっしゃると思います。

まったくそのとおりです。それが正しい日本語の文章の理解の仕方なんです。しかし、安倍政権の人たちはそのように理解しないんです。

彼らの作った先ほどのフリップ（図5）によれば、この文章はもともとこのように段落わけされていたように見えますが、**実は段落わけなどされていません。一つの段落の中に三つの文章が連続してつながっているものを勝手にわけて、**一つめ（基本的な論理①）は、憲法9条は戦争の放棄などを定めているが、日本国民の生命にかかわるときは、それを救うための戦いができることを論理としていると言っている。

二つめのブロック（基本的な論理②）は、戦いはできるといっても平和主義の制限に服するので、じゃあどういうときにできるかといったら「外国の武力攻撃によって日本国民の生命などが根底からくつがえされる」ときは、それを守るために必要最小限度だけはできる、という論理を言っている。

はじめの二つのブロックで憲法解釈としての論理は終わっていて、三つめはただの「帰結（あてはめ）」だと言います。それはどういうことかというと、「我が国に対する外国の武力攻撃」のケースについてだけを、どういう戦いができるのかが書いてある「基本的な論理②」にあてはめて、その結論を言ったにすぎないと。だから「帰結（あてはめ）」と書いてあるんですね。「同盟国に対する外国の武力攻撃」のケースについては何も書いていないのだというわけです。

これをさらにわかりやすく言うと、彼らは国会でこう説明しているんですね、昭和47年政府見解には、その作成当時から、二つの武力行使を許容する論理が書かれてあった。一つは、「我が国に対する外国の武力攻撃」の局面の個別的自衛権の論理。もう一つは、「同盟国に対する外国の武力攻撃」の局面の集団的自衛権の論理。この両方が、憲法9条のもとで合憲であると認めているのが、昭和47年政府見解なんだと。そして、この二つの論理が書かれているのが、「基本的な論理②」である。

昭和47年当時は、「同盟国に対する外国の武力攻撃」で日本国民の生命などが根底からくつがえされるようなことが現実に起きるとは考えられていなかったので、そうしたケースを「基本的な論理②」にあてはめていなかった。つまり、集団的自衛権行使が認められる論理を使っていなかった。だから、集団的自衛権行使が合憲だという結論（帰結）が昭和47年政府見解の中に書かれていなかっただけだ、と言っているんですね。

しかし、２０１４年の7月1日、我々は、アメリカに対するイランの武力攻撃でも日本国民の生命が根底からくつがえされることが現実に起こり得るということに気づいた。ホルムズ海峡の事例です。

それで、この新しい事実の発見と言いますか、事実の認識を昭和47年当時から存在する「基本的な論理②」にあてはめると、最後の「帰結（あてはめ）」の部分の結論が変わる、つまり、集団的自衛権行使が許されるという新しい結論が得られた――なぜなら、もともと集団的自衛権行使は「基本的な論理②」の論理の一つとして含まれているから――この新しい結論が「解釈変更」だ、というわけです。

〈図6〉

平成27年6月11日　横畠 長官答弁

○小西洋之君

四十七年見解を作ったときに**限定的な集団的自衛権行使を容認する法理が含まれていたんですね**

○横畠内閣法制局長官

法理といたしましては**まさに当時から含まれている**

このことを、横畠内閣法制局長官は、安保国会が始まっていた6月11日の答弁でも簡潔明瞭に認めています（図6）。この答弁の中の「法理」という言葉は「法的な論理」という意味です。また、「限定的な集団的自衛権行使」は解釈改憲で安倍内閣が合憲とした、特別の集団的自衛権行使（実は、国際法違反の先制攻撃）ですが、後でご説明します。

実は、「言われてみれば」、なのですが、昨年の解釈改憲を強行した7・1閣議決定には、これまで紹介した横畠長官の言っている理屈がちゃんと書いてあります。これは、私が2015年の3月24日に質問するまで、この7・1閣議決定以降、誰も国会で取り上げることができていませんでした。おそらく一部の与党議員を除いて、私を含め永田町で誰も気づいていなかったのだと思います。

図7は、7・1閣議決定の中で集団的自衛権行使が合憲であるという根拠を述べている箇所です。7・1閣議決定は昭和47年政府見解の言葉を安倍内閣の都合のいいところだけ抜き書きして作成したものなのですが、(2)に「外国の武力攻撃」という文言がありますね。この「裸の」「外国の武力攻撃」にはオリジナルの昭和47年政府見解と同じく集団的自衛権が含まれているというわけです。つまり、個別的自衛権行使だけじゃなくて、集団的自衛権行使も含んだ論理こそが、「従来から歴代政府が一貫して表明してきた」ところの憲法9条解釈の「基本的な論理」なんだと言っているんですね。

そして、その「基本的な論理」は、「昭和47年10月14日に参議院決算委員会に対し政府から提出された資料」、それが昭和47年政府見解なのですが、そこに「明確に示されている」と明言し、断言している。

つまり、集団的自衛権行使を容認する論理を含む憲法9条解釈の「基本的な論理」その

〈図7〉

7.1　閣議決定

3　憲法第9条の下で許容される自衛の措置

(1)・・・政府の憲法解釈には論理的整合性と法的安定性が求められる。したがって、従来の政府見解における憲法第9条の解釈の**基本的な論理**の枠内で、・・・論理的な帰結を導く必要がある。

(2)・・・この自衛の措置は、あくまで**外国の武力攻撃**によって国民の生命、自由及び幸福追求の権利が根底から覆されるという急迫、不正の事態に対処し、国民のこれらの権利を守るためのやむを得ない措置として初めて容認されるものであり、そのための必要最小限度の「武力の行使」は許容される。これが、憲法第9条の下で例外的に許容される「武力の行使」について、従来から政府が一貫して表明してきた見解の根幹、いわば**基本的な論理であり、昭和47年 10月14日に参議院決算委員会に対し政府から提出された資料「集団的自衛権と憲法との関係」に明確に示されている**ところである。

ものが昭和47年政府見解の中にもともと書いてあるんだと、7・1閣議決定の中ではっきりと言い切っているんですね。

日本は昭和47年から集団的自衛権行使ができる国だったんだ！　なんて、いきなり言われても、あ然としてくらくらめまいがしますが、安倍政権が国会で言っていることをわかりやすく言うとこういうことになります。

「今まで歴代の政府は憲法９条で集団的自衛権の行使はできないと言ってきたんだけれども、それは、本当の憲法９条の解釈を見つけられていなかった。我々は、昨年の７・１閣議決定に向かう途中で、42年ぶりに昭和47年政府見解を改めてていねいに読み直しをしてみて、そこに集団的自衛権行使が書かれていることを発見した。

この、個別的自衛権行使と集団的自衛権行使の両方が許される論理こそ、本来の憲法９条解釈の「基本的な論理」なのだ。昭和47年以降のすべての歴代政府は、この正しい「基本的な論理」に気づかずに、しかし、あくまでもその枠内で憲法9条を運用してきたのだ」

安倍総理は、集団的自衛権行使ができるようになっても、平和主義は変わらない、専守防衛は変わらない、立憲主義にも反していない、解釈改憲なんかじゃない、と繰り返し主張していますが、それは42年前から誰にも気づかれずにひっそりと存在していた清く正しい憲法９条の「基本的な論理」を見つけて、それに従っているからだという理屈だったんですね。

昭和47年政府見解を作った人に聞けばわかる

❖「読み替え」が違憲無効であることの立証

さて、大変なことになりました。

昭和47年政府見解は、第２次安倍内閣が誕生するまでは国会の審議でもほとんどまったく触れられることもなくなっていた「古文書」です。後に、「生命、自由及び幸福追求の権利が根底からくつがえされる」というわかりにくい表現ではなく「国民の生命や身体が危険にさらされる」（平成16年６月18日政府答弁書）など、より明確な言葉で表現した「集団的自衛権行使を違憲」とする新しい政府見解が積み重なっていったために使用されなくなっていたのです。

このままでは、わが国は、この「古文書」だけを根拠に、しかも、その中の「外国の武力攻撃」という言葉が、誰に対する外国の武力攻撃なのかと明記していないから、「同盟国に対する外国の武力攻撃」とも読める、という理由だけで、集団的自衛権の行使ができることになってしまいます。

こうした読み替えは明らかにインチキなわけですが、これをどうやって証明するか。3月24日の横畠内閣法制局長官との質疑以降にも、参議院でいろんな角度からこの「**昭和47年政府見解の読み替え**」問題を追及する中で、あるとき、決定的な方法を思いつきました。

左の写真は昭和47年政府見解の実物のコピーです。昭和47年政府見解は手書きなんですね。まだワープロもなかった時代。手書きで本文が7ページにわたってサラサラと書いてあります。

私は、もともと総務省で働いていた官僚だったのですが、**ああ、そうだ、昭和47年政府**

見解を作ったときの文書（原本）が霞が関の地下倉庫に保管されているはずだから、そこに決定的な手掛かりがあるはずだと気づいたんですね。

そこで、参議院の外交防衛委員会に提出要求をするとともに、自分でも直接に情報公開請求をして、これを入手しました。そして、内閣法制局まで出掛けていって、しっかりと、

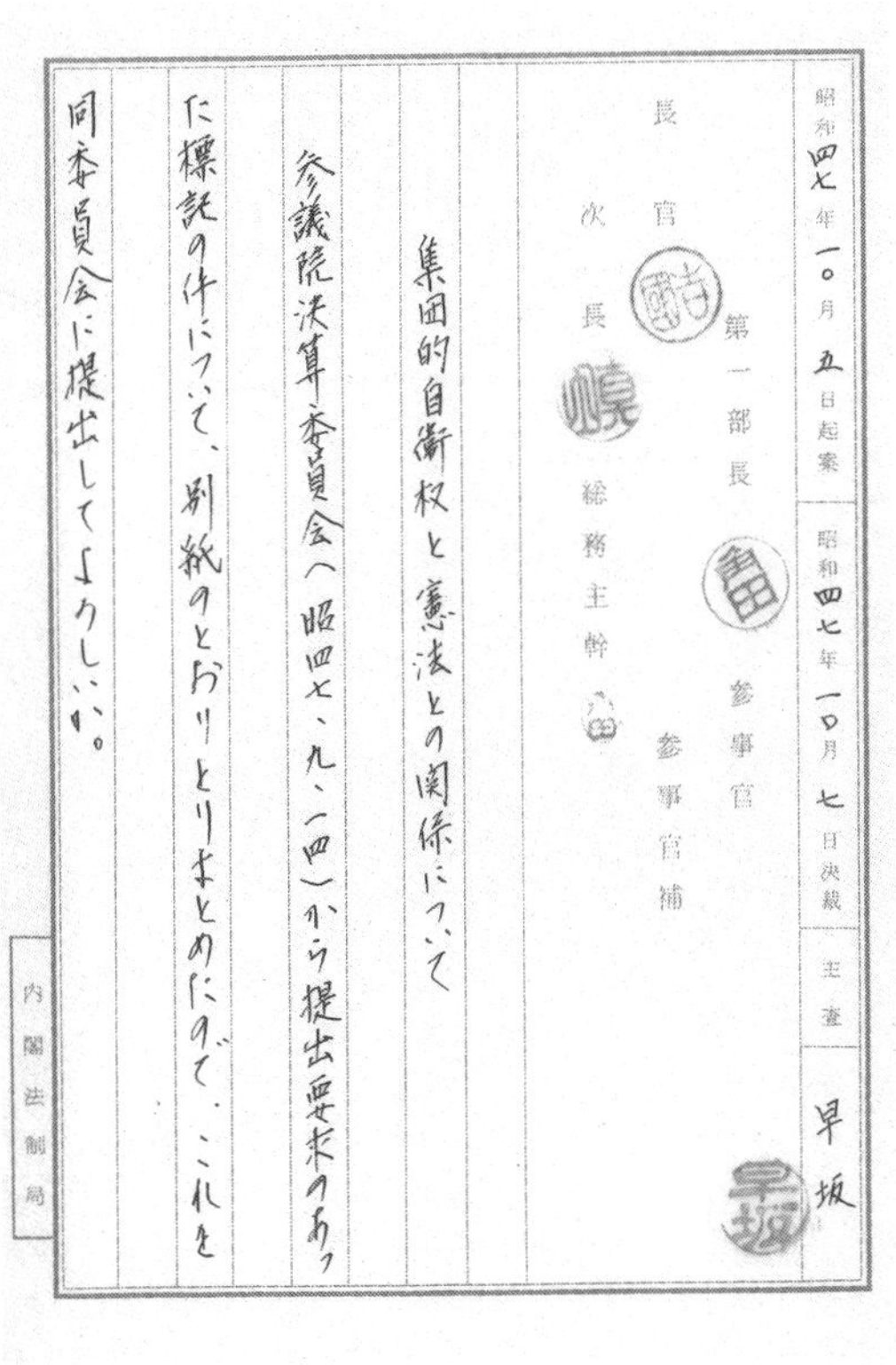
昭和四七年一〇月五日起案
昭和四七年一〇月七日決裁
主査　早坂
長官　第一部長　参事官
次長　総務主幹　参事官補

集団的自衛権と憲法との関係について

参議院決算委員会（昭四七、九、一四）から提出要求のあった標記の件について、別紙のとおりとりまとめたので、これを同委員会に提出してよろしいか。

内閣法制局

昭和47年政府見解の表紙

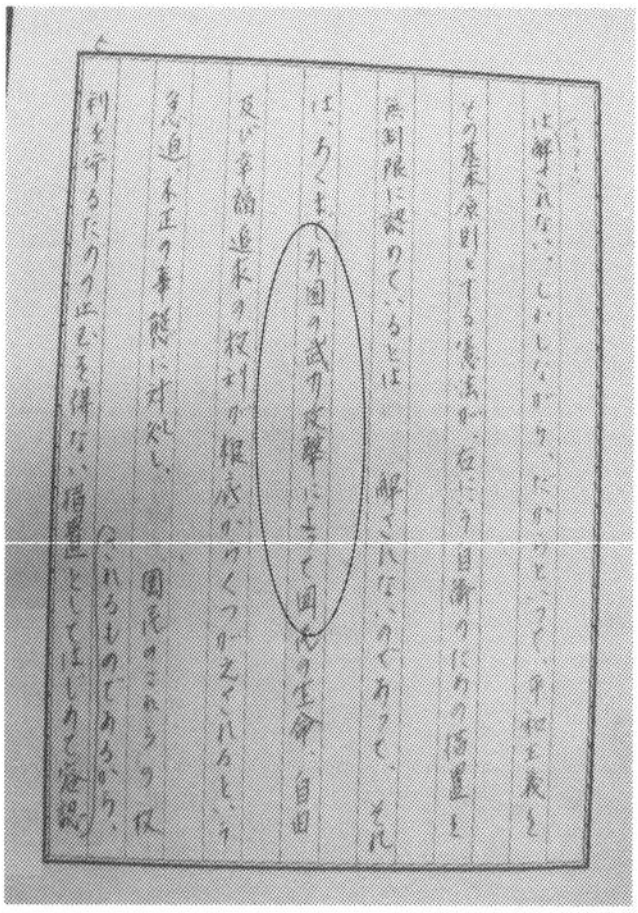

は解されない。しかしながら、だからといって、平和主義を
その基本原則とする憲法が、右にいう自衛のための措置を
無制限に認めているとは解されないのであって、それ
は、あくまで外国の武力攻撃によって国民の生命、自由
及び幸福追求の権利が根底からくつがえされるという
急迫、不正の事態に対処し、国民のこれらの権
利を守るための止むを得ない措置としてはじめて容認
されるものであるから、

上：昭和47年政府見解全文

下右：資料を読む著者

下左：「外国の武力攻撃」と書かれた頁

実物を閲覧もしてきました。私のホームページにはこの文書のすべてのページを掲載しています。(http://konishi-hiroyuki.jp/)

なお、国民の皆さんなら誰でも、持ち主の内閣法制局に情報公開請求ができます。

この「外国の武力攻撃」に、「実は、外国の武力攻撃という文字の前に、わが国に対するという意味と、同盟国に対するという意味の二つの意味を、この文字を書いた人が込めているんだ」と安倍内閣は言っているわけですね。本人がそう書いていないというものをそう読むことはできないはずですから。

じゃあ、本当にそういう二つの意味があるんですかと、誰に聞けばいいのでしょうか？

この文書は内閣法制局が作成して参議院決算委員会に対して出した文書で、**表紙の決裁欄に**、これを作った人たちがはんこを押しています（39頁の表紙写真）。

一人めは当時の内閣法制局長官、吉國一郎さんです。吉國さんといえば、プロ野球のコミッショナーを務められた方ですが、もともと官僚中の官僚で、法制局長官だったんですね。隣りはナンバー2の法制局次長で、のちに法制局長官になる真田秀夫さん。あとは、ナンバー3の角田礼次郎法制局第一部長。やはり、後に長官になる角田さんは、当時、憲法解釈を担当する第一部長でした。この方々が、どう考えていたか。

この文書が国会に提出されたのは10月14日ですが、この起案の決裁に日付が書いてあります。この課長クラスの早坂剛さんという人が、10月5日に、鉛筆でサラサラと書いたんですね。で、その2日後の10月7日までに上司の3人のチェックが終了して、直すところを直して、はんこをついて完成した。**つまり、たった2日間で作ったものなんですね**（この点については後述しますが、大事なポイントの一つです）。国会提出の10月14日の1週間ぐらい前に準備を完了しておいたわけです。

❖吉國内閣法制局長官の全否定答弁
～集団的自衛権行使は憲法9条をいかに読んでも読み切れない。～

では、この人たちはさっき言ったように「外国の武力攻撃」の前に二つの意味を込めて考えていたのでしょうか。憲法9条のもとで集団的自衛権行使ができるのだとするつもりで、これまでの「集団的自衛権行使は違憲である。それは、9条の条文を変えなければできない」という、戦後の議会と政府が積み上げてきた憲法解釈の歴史をすべてひっくり返すような解釈の大転換をするつもりで、この政府見解を作ったのかどうか。

実は、この政府見解を作るきっかけになった国会の質疑があります。

それは、10月7日の決裁日のちょうど3週間前の9月14日の参議院決算委員会です。その国会の質疑をもとにして、この人たちが政府見解を作りました。そこで吉國内閣法制局長官がどう言っていたかというと、これが昭和47年の9月14日の国会審議における吉國長官自身の答弁です。

吉國長官「**憲法9条の戦争放棄の規定によって、他国の防衛までをやるということは、どうしても憲法9条をいかに読んでも読み切れない**」

「他国の防衛までをやるということは、どうしても憲法9条をいかに読んでも読み切れない」と国会でこう答弁した人が、この政府見解を作ったんです。

「他国の防衛」というのは、集団的自衛権のことです。集団的自衛権行使の定義は「同盟国に対する武力攻撃を阻止するための武力行使」ということですから、その実質は他国防衛権なんですね。そして、この質疑は、当時の社会党の水口宏三さんという議員が、憲法

〈図8〉

昭和47年9月14日　吉國 長官答弁

憲法第9条の戦争放棄の規定によって、他国の防衛までをやるということは、どうしても**憲法9条をいかに読んでも読み切れない。**

9条において集団的自衛権行使は可能なのか？　というのを一生懸命聞いている質疑なんです。

それについて、吉國長官が「できるわけがありません。読んでも読み切れません」「日本に対する侵略が発生した時の個別的自衛権行使が、憲法の容認するぎりぎりのところです。集団的自衛権の行使は違憲です」という答弁を繰り返し繰り返し行って、質疑の最後に水口さんが「ちょっと政府が考えている事がよくわからないから、見解文書を出してくれないか」と言って、念押しして出てきたのがこの昭和47年政府見解なんです。

だから、安倍総理たちが言っているように、ほんとうに昭和47年見解に集団的自衛権が入

っているかどうかは、これを作った人たちがどう考えていたのかを確認すればいいんですね。

「他国の防衛までをやるということは、どうしても憲法9条をいかに読んでも読み切れない」という人たちが作った文書から、安倍内閣や与党の人たちは「この中に集団的自衛権の行使は認められている」「だって、外国の武力攻撃には、誰に対するって書いてないから」と言っているのですが、「我が国に対する外国の武力攻撃」以外は読めるわけがないんです。なぜなら、集団的自衛権の行使は「読んでも読み切れない」んですから。ここで「同盟国に対する外国の武力攻撃によって日本国民の命が根底からくつがえされる」とは絶対に読めないいんですね。

それが、読めるんだ！　という主張は、単なる「言いがかり」であり、「言葉遊び」なんです。

つまり、「憲法9条から、集団的自衛権行使はいかに読んでも読み切れない」と国会答弁した人が、政府を代表して国会に提出するために、その憲法9条の解釈を書いた昭和47

年政府見解からは、「**集団的自衛権行使はいかに読んでも読み切れない**」と考えるのが、**法治国家として、日本語を使う国として、当たり前のこと**ではないでしょうか。

❖「根底からくつがえされる」は吉國長官の言葉

さらに完璧な証拠でお見せしましょう。

ちょっと長い議事録ですけれども、これが解釈改憲、安保法制との闘いの中でいちばん大切なものなので、ぜひごらんください。吉國長官が、9条を「いかに読んでも読み切れない」と発言したのと同じ日の答弁です（図9）。

「外国の侵略が（日本国に）現実に起こった場合に『**生命、自由及び幸福追求に対する国民の権利**』**が根底からくつがえされる**おそれがある」

有名な言葉が出てきましたね。7・1閣議決定にある集団的自衛権行使の「**新三要件**」の言葉が出てきました。

実はこの「生命、自由及び幸福追求に対する国民の権利」とは憲法13条の文言なのですが、それが「根底からくつがえされる」という表現を用いたのは、戦後の議会の歴史の中

〈図9〉

昭和47年9月14日　吉國 長官答弁

○外国の侵略が現実に起こった場合に**「生命、自由及び幸福追求に対する国民の権利」が根底からくつがえされる**おそれがある。
その場合に、自衛のため必要な措置をとることを憲法が禁じているものではない、というのが憲法第9条に対する**解釈の論理の根底**でございます。
○**その論理から申しまして**、集団的自衛の権利ということばを用いるまでもなく、他国が侵略されているということは、**まだ日本国民の幸福追求の権利なり生命なり自由なりが侵されている状態ではない**ということで、**まだ日本が自衛の措置をとる段階ではない。**
日本への侵略行為が発生して、そこで初めて自衛の措置が発動する。

でこのときが初めてなんです。吉國長官が初めて作った言葉なんですね。

国会図書館のホームページに国会会議録検索（http://kokkai.ndl.go.jp/）というのがあって、「生命　幸福追求　根底からくつがえされる」などと入れると出てきます。これしか出てきません。**吉國長官はこの言葉の生みの親なんです。**

■武力の行使の「新三要件」（7・1閣議決定）

① 我が国に対する武力攻撃が発生したこと、又は我が国と密接な関係にある他国に対する武力攻撃が発生し、これにより我が国の存立が脅かされ、**国民の生命、自由及び幸福追求の権利が根底からくつがえされる**明白な危険があること

② これを排除し、我が国の存立を全うし、国民を守るために他に適当な手段がないこと

③ 必要最小限度の実力行使にとどまるべきこと

ここで吉國長官が述べた言葉をもとに、その約3週間後、昭和47年政府見解という憲法

9条の解釈の文書を早坂さんという課長クラスの人が書きました。
私も官僚出身なので経験があるのですが、こういうときは、国会答弁で政府を代表する立場であり、かついちばん偉い上司である内閣法制局長官が使った言葉を忠実に使って作るんですね。

ここでポイントは、昭和47年政府見解に書き込まれ、そして、7・1閣議決定にある集団的自衛権行使の新三要件に書き込まれ、そのまま安保法制の条文の中にも書き込まれている「国民の生命、自由及び幸福追求の権利が根底からくつがえされる」という言葉を、その生みの親の吉國長官が、いったいどういう意味で、どういう論理的な文脈で使っているのかと言うことです。

吉國長官は、日本に対する外国の侵略が現実に起こった場合は、国民の皆さんの生命などが根底からくつがえされるおそれがある、だから、日本の国民を守る、自衛のための必要な措置――個別的自衛権の行使です、そこまでは認めているというのが、**憲法9条に対する解釈の論理の根底です**、と言っています。個別的自衛権行使だけがぎりぎり認められることが論理の根底だと言っているのだから、これに並ぶほかの論理、つまり、集団的自衛権の行使を認める論理は存在しないわけです。

しかもこれからがいちばん大事です。

日本が武力攻撃を受けたときに日本国民の皆さんの生命を救うためにやむを得ず行う自衛の措置、つまりは、個別的自衛権の行使しかできないという、**この論理から言って、**集団的自衛権などということをわざわざ言う必要さえありません。

他国だけが侵略されている、つまり日本の大切なアメリカがイランから武力攻撃を受けている、そうした同盟国だけが武力攻撃を受けている状況では、**まだ日本国民の生命なり自由なり幸福追求の権利が侵されている状態ではない。言いかえれば、生命、自由及び幸福追求の権利が根底からくつがえることはない。**

国民の生命などがくつがえらないのだから、日本はまだ憲法9条の下において何らかの自衛の措置が取れる段階ではない。つまり、日本に対する武力攻撃がまだ発生していない場合の自衛の措置である、集団的自衛権の行使はできない。日本への侵略、日本そのものへの武力攻撃が発生して初めて、個別的自衛権という自衛の措置が発動できる、それが憲法9条の解釈なんだと言っているんですね。

安倍政権による**「昭和47年政府見解の読み替え」**と私は言っているんですが、この読み替えのポイントは、次のようなものです。

「外国の武力攻撃によって国民の生命、自由及び幸福追求の権利が根底からくつがえされる」という文章に着目して、この「外国の武力攻撃」という文言を、同盟国ですね、「同盟国に対する外国の武力攻撃」というふうに読み替えれば、その後に続く文章と一体となって、日本の同盟国に対する、つまりは、アメリカに対するイランの武力攻撃によって日本国民の命などが根底からくつがえされることがあるという集団的自衛権の論理が成立するんだ。

ところが、その言葉を生み出した吉國長官は、「他国が侵略されているということは、まだ日本国民の生命なり自由なり幸福追求の権利が侵されている状態ではない。まだ日本が自衛の措置をとる段階ではない」、すなわち、「同盟国に対する外国の武力攻撃が発生しているだけの状況では、日本国民の生命などが根底からくつがえされることはない。よって、日本ができる自衛の措置は、何もない。だから当然、武力行使たる集団的自衛権の行使はできない」と言っているんですね。

だとすると、生命などが根底からくつがえされるという言葉の生みの親の吉國長官の考え方、つまりは、昭和47年政府見解の作成に至るまでの吉國長官を含むすべての政府の憲法9条解釈の考え方に反して、「外国の武力攻撃」を「同盟国に対する外国の武力攻撃」と読み替えて、「国民の生命などが根底からくつがえされる」という事態に対応するための集団的自衛権の論理が成立するんだと主張することは、まさに法的な論理として許されないのですね。

ようするに、安倍政権による昭和47年政府見解の読み替え――ここに集団的自衛権の行使が入っているんだ、そういうふうに読んでいいんだという主張が意味するところは二つあります。

一つは言いがかり的に「同盟国に対する」という言葉を入れる。

もう一つは、彼らの理解では、「同盟国に対する外国の武力攻撃の局面で日本国民の生命なり自由なり幸福追求の権利が根底からくつがえされることがあるから、それを守るために自衛の措置たる集団的自衛権の行使ができる」という文章が成立すると考える。

しかし、繰り返しますが、その言葉を作った吉國長官は、日本が攻撃されない限り、日本以外の他国（同盟国）が武力攻撃を受けている段階では日本国民の生命、自由や幸福追求の権利がくつがえされることは「ない」と言っているんですね。だから昭和47年政府見解において、「同盟国に対する」という言葉を入れて国民の生命などが根底からくつがえることが「ある」という文章を成立させる、そういう読み替えは絶対にできない。

これは、「日本語が日本語である限り、この世に理屈や論理がある限り、絶対にできないし、やってはいけないこと」です。

実は、解釈改憲というのはこれだけの問題なのです。

つまり、安倍政権は憲法9条の解釈で論理的に集団的自衛権が可能にできる道を、――昨年の7・1閣議決定の前には、解釈改憲賛成派のお友達ばかり集めた「安全保障の法的基盤の再構築に関する懇談会」（通称「安保法制懇」）という審議会を設けたりして、不真面目ながらにも――さぐったんですが、できなかったんです。60年以上、誰もできなかったことはやっぱりできない。これまで積み上げてきた憲法9条の解釈っていうのは、あまりに完璧な論理なので、できなかったんです。

それを無理にやろうとすると、どのようにしても論理的に説明のつかない理屈を主張せざるを得なくなる、そして、それは、安倍内閣自身が7・1閣議決定でいみじくも認めている「政府の憲法解釈の論理的整合性と法定安定性」を踏み外してしまうことになるのです。これまでの歴代政府の政府見解や国会答弁と矛盾を生じることになってしまうのです。そのためやむを得ず、ある一つの政府見解がもともと集団的自衛権を認めているんだという言いがかりを言っているんです。そういうふうに読めるでしょう、と。

しかし、「政府見解」を作った人たち自身がそういうふうに読んではいけない、と言っている。はんこをついた吉國長官自らが、**「集団的自衛権の行使は、憲法9条をいかに読んでも読み切れない」**と言っているし、「国民の生命などが根底からくつがえされる、というのは日本が武力攻撃を受けたときだけです」**「日本が武力攻撃を受けていない局面では、国民の生命などは根底からくつがえりません。集団的自衛権の行使はできません」**と断言しているのだから、それをくつがえると言い張って集団的自衛権の行使ができると強弁することは「**日本語が日本語である限り、世の中に理屈や論理がある限り**」絶対にできない、絶対に許されないことなのです。

❖真田次長の全否定答弁
～集団的自衛権行使をよもや憲法9条が許しているとは思えない～

さらに、もう一人、だめ押しであげておきます。

同じく昭和47年政府見解の決裁者（作成者）である真田次長は、その約5か月前の昭和47年5月1日に、同じく社会党の水口議員に対して、「我が国に武力攻撃が発生した場合においてのみ武力行使が許されるというのが、**憲法のぎりぎりの解釈**」という内容の答弁や、「その他国が我が国とかりに連帯的関係にあったからといって、我が国自身が侵害を受けたのでないにもかかわらず、我が国が武力をもってこれに参加するということは、これは**よもや憲法九条が許しているとは思えない**」などと答弁しています。

昭和47年政府見解の作成要求をした同じ国会議員にこう答えているんですね。

そして、その内容は、憲法9条においては「ぎりぎり」個別的自衛権のみが許され集団的自衛権行使を「よもや」許しているとは思えないと言っているのだから、やはり、この世に日本語と論理があり続ける限り、どのように考えても、あらゆる集団的自衛権行使を違憲と述べているとしか理解のしようがないものです。この事実からも、「読み替え」は絶対に許されないことになります。

〈図10〉

昭和47年5月1日　真田次長答弁

○連帯的関係にあったからといって、わが国自身が侵害を受けたのでないにかかわらず、わが国が武力をもってこれに参加するということは、これは**よもや憲法9条が許しているとは思えない**

○（わが国に武力攻撃が発生した場合においてのみ武力の行使が許されるというのが）**憲法のぎりぎりの解釈**

真田次長にとっては、自ら集団的自衛権行使の違憲の立証のために作成した昭和47年政府見解が、42年後にその合憲の根拠として「読み替え」により悪用されるとは、「よもや」考えてもいなかったでしょう。

❖角田第一部長の全否定答弁

～集団的自衛権行使はゼロ。絶対にできない～

そして、さらにもう一人、徹底的なだめ押しをご紹介します。

本書の冒頭で、「**憲法の条文を変えない限り集団的自衛権行使はできない**」というフリップ（図1）をお見せしましたが、**その角田内閣法制局長官、実は、ここではんこを押しているこの人なんです。角田第一部長なんです。**はんこを押した当時は第一部長でしたが、11年後にはめでたく出世されていて内閣法制局長官になっていたんですね。この方は立派な法制局長官として、いろいろな意義ある答弁を残している人です。

この法制局長官になった角田さんが、昭和58年に憲法改正をしない限り集団的自衛権の行使はできないと国会で答弁しているのに、その当人が、11年前に、集団的自衛権行使を論理的に含むことを前提にした、国会に提出する政府見解文書にはんこをついているわけがありません。

さらに、憲法改正をしない限りだめだと言っている、はんこをついたこの角田さんが、昭和47年から9年後の昭和56年に法制局長官になって言っている答弁を見てください。

これは非常にすばらしい答弁なのです。

安倍内閣は、7・1閣議決定において「集団的自衛権を容認したけれど、それは、自衛かつ他衛の限定的な集団的自衛権であって、他国を守るためだけの集団的自衛権は憲法違反だけれど、自国防衛のための集団的自衛権だけは合憲なんだ」とわけのわからないことを言っているのですが、この角田長官は自衛かつ他衛の「限定的な集団的自衛権行使」なるものを真っ向から否定しています。

昭和56年当時、稲葉誠一さんという議員が、「いわゆる他衛、他を守るということは自衛だというふうになってくるのじゃないですか」と聞いています。

たとえば、アメリカと北朝鮮が戦争をして、その戦争が激しくなると、アメリカを守るということは、日本を守ることにもなるんじゃないですか、と。また、アメリカが北朝鮮から侵害（攻撃）を受ける結果として日本の国家の存立や何かに関係することもあるんじゃないんですか、それでも日本は何もできないんですか、と聞いているんですね。

ちなみに、この「何か」が「日本国民の生命などが根底からくつがえされること」だと考えれば、先にお示しした「国の存立が脅かされ、国民の生命などが根底からくつがえされる」という安倍内閣の集団的自衛権行使の新三要件とまるっきり同じことを聞いていることになります。

こうした一連の質問に対して、角田長官は、（憲法9条の解釈のもとでは）我が国に対する武力攻撃が発生しなければ（北朝鮮がいよいよ我が国に対する武力攻撃をしてきたと認められるときでなければ）日本は武力行使はできないんだ、もうそれだけのことなんで

〈図11〉

昭和56年6月3日　角田 長官答弁

○稲葉委員

いわゆる他衛、他を守るということは自衛だというふうになってくるのじゃないですか。・・・（略）外国が侵害を受けている・・・その結果として**日本の国家の存立や何かに関係するという場合**でも、日本は何もできないということですか。

○角田長官

わが国に対する武力攻撃がなければ、わが国の自衛権の発動はないということを申し上げたわけであります。

すと、自衛かつ他衛の限定的な集団的自衛権の行使を真っ向から否定してるんですね。

アメリカと北朝鮮が戦争をしていて、北朝鮮が日本に武力攻撃をしてくるとしたら、それはまさに個別的自衛権の問題です。

安倍政権が解釈改憲する前も今も、憲法9条における個別的自衛権行使の正しい解釈は、北朝鮮の武力攻撃が日本に対して向いてきた瞬間に行使できる、といってもこれは、日本が北朝鮮から攻撃を受けて、日本国民が死んだ後でなければ自衛隊は出動できないという意味ではありません。北朝鮮がまさに攻撃をしてくる、これを「武力攻撃の着手」と言いますが、その着手の瞬間に至ったとき、自衛隊は日本国民が死傷する前にこれをたたくことができるんですね。

ちなみに、どんなに仲の悪い国同士であっても、相手がこちらに対して武力攻撃の着手に至らないのに先制して相手を攻撃する、いわゆる先制攻撃の禁止は、国際法（国連憲章）のルールでもあります。そして、憲法は第98条で国際法遵守を定めていますから、安倍内閣の「限定的な集団的自衛権行使」は第9条だけじゃなくて、第98条との関係でも違憲なんですね。

また、角田長官は、こうした認識のもとにこの6月3日の稲葉議員に対する答弁で、

〈図12〉

昭和58年6月3日　角田 長官答弁

○集団的自衛権につきましては、全然行使できないわけでございますから、ゼロでございます

○集団的自衛権は一切行使できない

○日本の集団的自衛権の行使は絶対できない

「集団的自衛権につきましては、全然行使できないわけでございますから、ゼロでございます」、「集団的自衛権は一切行使できない」「日本の集団的自衛権の行使は絶対できない」、「我が国は憲法で、それは全然行使しませんよということを世界に、いわば独自の立場で自主的に宣言をしている」と述べています。

もはや、説明も不要かと思いますが、「ゼロ」「一切できない」「絶対できない」「全然しません」と世界に宣言」という文言からは、あらゆる集団的自衛権行使が全否定されていることは明々白々です。このような答弁を9年後に行う、昭和47年当時の角田第一部長（憲法解釈担当部長）が、昭和47年政府見解に「限定的な集団的自衛権行使」

なるものを法理として含ませることを許容して、はんこをつくわけがないのです。

9条解釈の大転換が、たった2日で作った官僚文書で⁈

❖7・1閣議決定「基本的な論理」は「ねつ造の論理」

このように、憲法9条においてはあらゆる集団的自衛権が絶対できないということを、昭和47年政府見解を作った3人の方々は、もうこれ以上はないというような、詳細かつ明確な表現でそのことを断言しています。「違憲」であるとこてんぱんに繰り返し、明言しているのです。

したがって、昭和47年政府見解の「外国の武力攻撃」という言葉を「同盟国に対する外国の武力攻撃」と勝手に読み替えて、「限定的な集団的自衛権行使」なるものの法理が昭和47年政府見解に、それを作った当時から存在していたなどと主張することは、許されることではありません。

結局、昭和47年政府見解の結論、「憲法のもとで、武力行使を行なうことが許されるのは、**我が国に対する急迫不正の侵害に対処する場合に限られるのであって、したがって、他国に加えられた武力攻撃を阻止することをその内容とするいわゆる集団的自衛権の行使は、憲法上許されないといわざるを得ない**」という文言は、「帰結（あてはめ）」などではなくて、昭和47年政府見解におけるれっきとした憲法9条の解釈論理そのものなんですね。昭和47年政府見解は、「あらゆる集団的自衛権行使は違憲である」と言い切っている、数ある政府見解の一つにすぎないのです。

ところで、私も、かつての総務省などの官僚時代にこうした法令の解釈文書は何本も作成したことがあるのですが、この「昭和47年政府見解の読み替え」がとんでもない暴挙であることは、昭和47年政府見解がたった2日間で、そして、内閣法制局のお役人だけで作られているものであることからも明らかです。

なぜなら、昭和47年政府見解を作る以前の憲法9条解釈は当然「（我が国に対する武力攻撃が発生していない局面の武力行使である）あらゆる集団的自衛権行使は違憲」でしたから、それと異なり、「自国防衛のための限定的な集団的自衛権行使なるものは合憲」という新しい解釈を作るということは、日本の憲法秩序や安全保障政策、外交政策の根幹をひっくり返してしまう、この上ない大事業ということになってしまいます。

それを、政府与党の政治家と相談もせず（もししていれば、当時は「1955年体制」の時代ですから、与野党を巻き込んだとんでもない大政争になっていたでしょう）、自衛隊を所管する当時の防衛庁にも相談せず、日米安保条約を所管する外務省とガチンコの調整を行うこともせず、内閣法制局のお役人数名が自分たちの手持ちのはんこをついただけで、そして、閣議決定すらも行わず、国会審議における野党議員からの要請文書として、国会に提出するなんてことをしでかすわけがありません。

その証拠に、私の追及に対し防衛省も外務省も、昭和47年政府見解の作成当時の資料は何も存在しないと、国会答弁しています。

安全保障、外交の根幹を大転換する解釈文書を「政府統一見解」として作成したはずなのに、その担当省庁にはその関連の資料が紙一枚、何んにも存在しない。もし、「あった」なら、役所のあらゆる文書の中で、最上級に重要な資料として完全管理の下にていねいに保管されているはずですから、当然、最初から「なかった」のです。

なぜなら、たった2日もあれば作れる、これまで何度も作ってきた従来の解釈の範囲内の政府見解文書にすぎないからなのです。

こうしたことは、もう憲法の解釈論とかいう話ではなく、大人社会の常識、非常識のレベルの問題です。元霞が関の官僚だった私の感覚から言うと、安倍内閣の主張は荒唐無稽な「漫画の世界」そのものです。

つまり、昭和47年政府見解には、「集団的自衛権行使を容認する法理など、影も形も存在しない」のです。

そして、「限定的な集団的自衛権行使」を容認した7・1閣議決定の「基本的な論理」とは、「昭和47年政府見解の読み替え」という手法によってねつ造された、「ねつ造の論理」なのです。

❖なぜ、憲法学者の「違憲」の主張が正しいのか

さて、冒頭でご紹介したように、6月4日の衆議院憲法審査会において参考人として出席した早稲田大学法学学術院教授の長谷部恭男先生は、安保法制について、「集団的自衛権の行使が許されるというその点について、**私は憲法違反であるというふうに考えており**

ます。従来の政府見解の基本的な論理の枠内では説明がつきませんし、法的な安定性を大きく揺るがすものであるというふうに考えております」と述べ、大きな反響を呼びました。

安倍総理の主張とこの長谷部先生の主張のどちらが正しいのか、皆さんはもうすっかりおわかりだと思います。ポイントは、長谷部先生の発言の中の「**基本的な論理**」という言葉です。

安倍総理は、昭和47年政府見解の「外国の武力攻撃」を「同盟国に対する外国の武力攻撃」と勝手に読み替えて、「限定的な集団的自衛権行使の法理が、もともと昭和47年政府見解に存在していたのだ。この、従来の個別的自衛権行使の法理と限定的な集団的自衛権行使の法理の両方を含むものが、本来の憲法9条解釈の「基本的な論理」なのだ」と7・1閣議決定でも国会の答弁でも主張しています。しかし、ようするに、**安倍総理は、「昭和47年政府見解の読み替え」によって、インチキな「基本的な論理」をねつ造していたのですね。**

安倍総理の主張する7・1閣議決定の「基本的な論理」と長谷部先生のご指摘の従来の憲法9条の政府解釈の「基本的な論理」はまったくの別物だったのです。つまり、長谷部先生のご指摘の「従来の政府見解の基本的な論理の枠内では説明がつきません」「憲法違

反である」との見解はまったく正しいのです。

❖7・1閣議決定と安保法制は立憲主義に反する

さて、このように時の権力者が自由に最高法規である憲法の解釈を変えることが可能になると、国民ではなくて安倍総理が主権者になってしまいます。

つまり、「立憲主義」という言葉がありますが、これは、「主権者である国民が定めた憲法によって、国家権力の在り方を制限して、国民自らの自由や権利を守る」という考え方を意味します。

集団的自衛権行使という国家行為は、武力行使という国家における最大の権力の発動です。いかに国民を守るためと内閣や国会が主張しても、その結果、自衛隊員は戦死し、国民も相手国からの反撃で戦死することになります。これを禁止する憲法9条の解釈を7・1閣議決定だけで変えてしまうことは、この立憲主義に反します。

また、これは、7・1閣議決定の上に安保法制という法律を定めても、立憲主義に反することになります。

つまり、憲法9条は、閣議決定はおろか、国会が定める法律によっても、なお奪うことのできない国民の生命や権利を守るために、最高法規である憲法の規範として戦争の放棄、武力行使の放棄、戦力の不保持、交戦権の否認などが定められているのです。その論理的な解釈の結果として、集団的自衛権行使を否定している憲法9条を、法律によってその意味を上書きする安保法制は、立憲主義に反する違憲立法になるのです。

安倍総理は安保国会でも、

「従来の憲法解釈との論理的整合性と法的安定性に十分留意し、従来の、昭和47年の政府見解における憲法第9条の解釈の基本的な論理の枠内で、合理的なあてはめの帰結を導いたものであり、解釈改憲、立憲主義の逸脱という批判はまったく当たらない」（5月26日衆議院本会議）

と述べていますが、昭和47年政府見解の勝手な読み替えによる「基本的な論理」のねつ造が、解釈改憲そのものであり、立憲主義の逸脱そのものであることは、本書をお読みいただいたすべての皆さんが容易にご理解いただけることなのです。

つまり、今、国民の皆さんの目の前で起きていることは、主権者である国民の皆さんの憲法を「安倍総理の憲法」としてしまうものであり、日本の法秩序、そして、法治国家を根底からくつがえすクーデター行為そのものなのです。

❖解釈改憲を禁じる「昭和29年参議院本会議決議」などとの矛盾

なお、こうした昭和47年政府見解の作成者の方々の認識以外にも、「昭和47年政府見解の読み替え」を否定する論拠は、この政府見解の前にも後にも、山のようにあります。

たとえば、昭和47年政府見解以前、自衛隊が創設された昭和29年には、憲法9条のもとでは我が国に対する武力攻撃が発生した場合以外には武力行使はできず（つまり、個別的自衛権の行使のみが可能）、結果的に集団的自衛権行使は憲法違反であるとする明確な政府答弁（昭和29年4月6日）が複数あります。

あるいは、昭和47年政府見解以降では、7・1閣議決定で安倍内閣が主張する「自国防衛のための限定的な集団的自衛権行使」なるものと同じものを、真っ正面から否定する内閣法制局長官の国会答弁（平成16年1月26日）や政府見解（平成16年6月18日政府答弁書）などがあります。

また、政府の憲法解釈ではなく、国会が政府に対して示した憲法解釈として、同じく昭和29年の自衛隊創設時に「自衛隊の海外出動、つまりは、自衛隊の海外派兵である集団的自衛権行使を許さない」とする参議院本会議決議があります。その趣旨説明では、「憲法

9条の自衛とは、日本の国土に対する侵略を排除するための正当防衛行為である。これを将来に拡張解釈することは許さず、その危険を一掃する」とされているのです。

この本会議決議は、私が調べただけで2010年代に至るまで30回あまり、その後の参議院における自衛隊法の改正などの際に必ずと言っていいほど繰り返し、政府がこれを遵守しているか確認されてきました。

実は、安倍総理も官房長官時代の平成17年12月12日に「自衛隊が海外で武力行使をすることを禁止した決議」であると考えている旨を答弁しています。この「侵略を排除する正当防衛行為しかできない」という解釈は、まさに、7・1閣議決定以前の政府の憲法9条解釈とまったく同じものです。

ようするに、国権の最高機関である国会の参議院本会議決議でこのような解釈を示し、しかも、それを将来に憲法9条の明文が「拡張解釈」、つまりは、「解釈変更される危険を一掃する」ため、唯一の国民代表機関たる国会の本会議決議により「国民の総意として表明しておく」としているのです。にもかかわらず、昭和47年政府見解の作成者の吉國長官たちが、まさに参議院（決算委員会）に対して、従来の憲法9条解釈を拡張し変更して集団的自衛権行使を解禁するような政府見解を提出するわけがないのです。

〈図13〉

昭和29年参議院本会議決議

自衛隊の海外出動を為さざることに関する決議
「本院は、自衛隊の創設に際し、現行憲法の条章と、わが国民の熾烈なる平和愛好精神に照し、海外出動はこれを行わないことを、茲（ここ）に更（あらた）めて確認する。」

■提案者の趣旨説明演説
・世界に特異なる憲法を有する日本の自衛権は、世界の他の国々と異なる自衛力しか持てないということであります。

・自衛とは、我が国が不当に侵略された場合に行う正当防衛行為であつて、それは我が国土を守るという具体的な場合に限るべきものであります。・・・故に我が国の場合には、自衛とは海外に出動しないということでなければなりません。如何なる場合においても、一度この限界を越えると、際限もなく遠い外国に出動することになることは、先般の太平洋戦争の経験で明白であります。それは窮窟であつても、不便であつても、憲法第九条の存する限り、この制限は破つてはならないのであります。

・外国においては、・・・今日の日本の戦闘力を過大評価して、・・・これを利用せんとする向きも絶無であるとは申せないと思うのであります。さような場合に、・・・憲法の明文が拡張解釈されることは、誠に危険なことであります。故にその危険を一掃する上からいつても、海外に出動せずということを、国民の総意として表明しておくことは、日本国民を守り、日本の民主主義を守るゆえんであると思うのであります。

このように、60年以上、主権者である国民の代表である国会が内閣を監督するという議院内閣制のもとで、憲法9条の条文を変えなければ、集団的自衛権の行使は、安倍総理の言っている「限定的な集団的自衛権」なるものを含め「できない」と一貫して歴代政府は答弁などをしてきていますので、安倍政権による「読み替え」は、あらゆるすべての国会答弁や政府見解と矛盾し、かつ、それを否定する証拠は山のようにあるんですね。

また、この矛盾は、安倍内閣自身が7・1閣議決定でいみじくも認めている「政府の憲法解釈に求められる論理的整合性と法定安定性」に真っ向から衝突するものとなります。

ここで、参議院で安保法制が審議されている最中の7月26日に礒崎陽輔総理補佐官が、集団的自衛権行使の解釈変更について、「法的安定性は関係ない」との暴言を行い、8月3日に特別委員会に参考人招致されたことを考えてみましょう。礒崎補佐官は7・1閣議決定及び安保法制の担当補佐官として与党との調整などを担ってきた政府における最高責任者の一人です。その人物が、いじみじくも、「政府の憲法解釈に求められる」としている法的安定性を「関係ない」と全否定したことは、解釈改憲と違憲立法の欺瞞《ぎまん》をこの上なく明瞭に示すものです。

〈図14〉

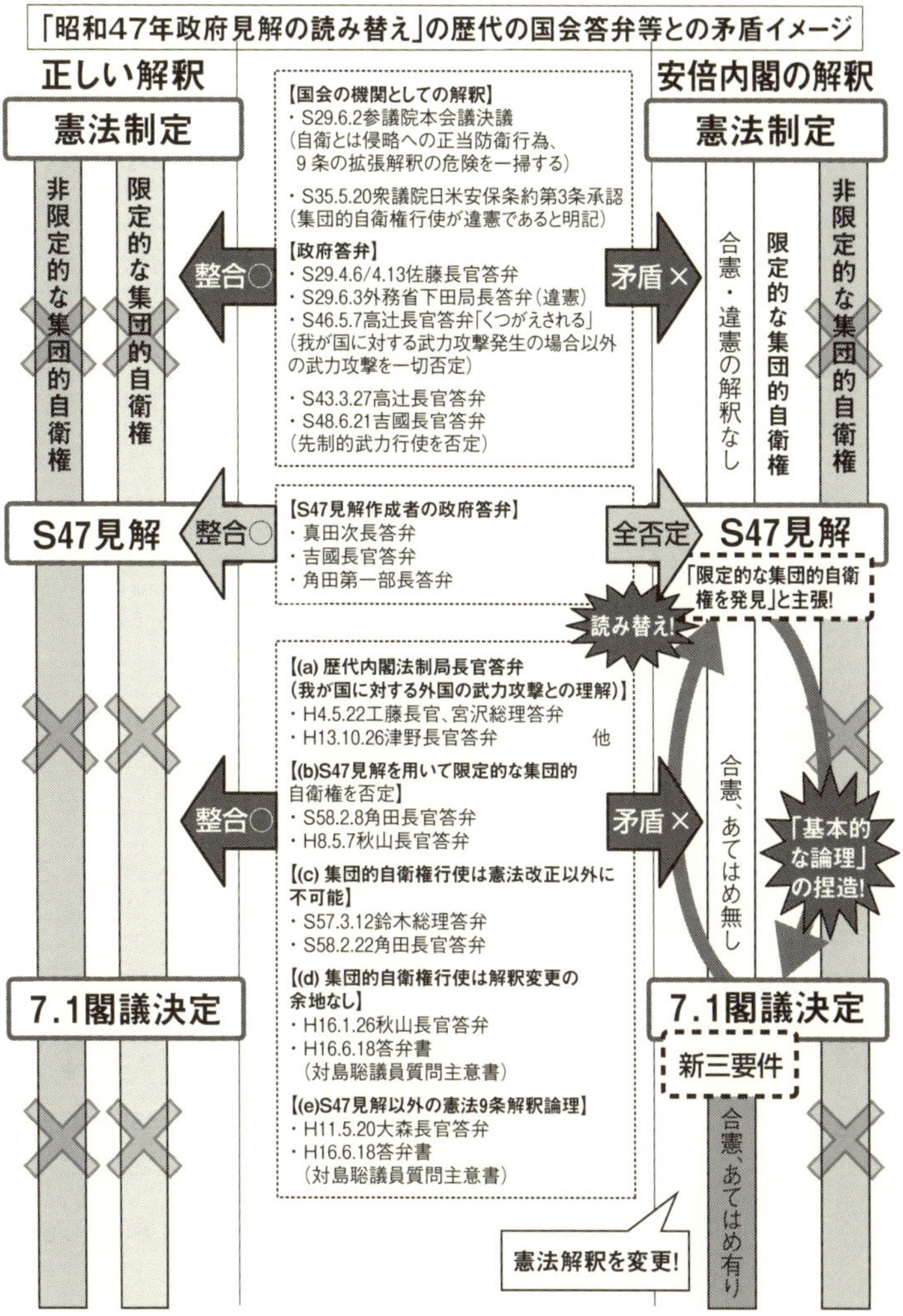
「昭和47年政府見解の読み替え」の歴代の国会答弁等との矛盾イメージ
正しい解釈
安倍内閣の解釈
憲法制定
非限定的な集団的自衛権
限定的な集団的自衛権
【国会の機関としての解釈】
・S29.6.2参議院本会議決議
（自衛とは侵略への正当防衛行為、
9条の拡張解釈の危険を一掃する）
・S35.5.20衆議院日米安保条約第3条承認
（集団的自衛権行使が違憲であると明記）
【政府答弁】
・S29.4.6/4.13佐藤長官答弁
・S29.6.3外務省下田局長答弁（違憲）
・S46.5.7高辻長官答弁「くつがえされる」
（我が国に対する武力攻撃発生の場合以外の武力攻撃を一切否定）
・S43.3.27高辻長官答弁
・S48.6.21吉國長官答弁
（先制的武力行使を否定）
整合○
矛盾×
合憲・違憲の解釈なし
S47見解
【S47見解作成者の政府答弁】
・真田次長答弁
・吉國長官答弁
・角田第一部長答弁
全否定
「限定的な集団的自衛権を発見」と主張！
読み替え！
【(a) 歴代内閣法制局長官答弁
（我が国に対する外国の武力攻撃との理解）】
・H4.5.22工藤長官、宮沢総理答弁
・H13.10.26津野長官答弁　他
【(b)S47見解を用いて限定的な集団的自衛権を否定】
・S58.2.8角田長官答弁
・H8.5.7秋山長官答弁
【(c) 集団的自衛権行使は憲法改正以外に不可能】
・S57.3.12鈴木総理答弁
・S58.2.22角田長官答弁
【(d) 集団的自衛権行使は解釈変更の余地なし】
・H16.1.26秋山長官答弁
・H16.6.18答弁書
（対島聡議員質問主意書）
【(e)S47見解以外の憲法9条解釈論理】
・H11.5.20大森長官答弁
・H16.6.18答弁書
（対島聡議員質問主意書）
合憲、あてはめ無し
「基本的な論理」の捏造！
7.1閣議決定
新三要件
合憲、あてはめ有り
憲法解釈を変更！

※ 私が戦後の議会の歴史の中からピックアップした主な国会答弁や政府見解に対して「昭和47年政府見解の読み替え」が引き起こす矛盾、衝突のイメージ図（図14）をご覧下さい。図の内容の詳細なご説明については、私のホームページで公開しております。

違憲立法は永久に違憲である

❖「読み替え」は法治国家と民主主義を滅ぼすクーデター

このように、**「昭和47年政府見解の読み替え」**とは、憲法9条の改変に止まらず、同見解の以前と以降の日本の民主主義、すなわち、国民の皆さんの代表である国会に対して政府が行った答弁や政府見解のすべてをひっくり返し、政府の憲法解釈を監督するために行った国会の本会議決議などをすべて否定することになります。ようするに、法治国家と民主主義を滅ぼしてしまうクーデター行為そのものなのです

これは、何があっても絶対に許してはならない、凄まじいまでの暴挙です。こんな「読み替え」を許したら、自衛隊員や国民の皆さんが憲法違反の戦争で生命を奪われ、傷つくことになる。そして、憲法の平和主義が失われるのみならず、日本は、永久に法治国家でも民主主義の国でもなくなってしまう、憲法９条すらこんなインチキで１８０度真逆の内容に変えられるのだったら、どんな憲法や法律の条文であっても、いくら国会で答弁を積み重ねても、政府見解を提出させても、後からいくらでも好きなように時の権力者が解釈を「読み替える」ことができるようになってしまう。

これは、徴兵制ができるかどうかというようなレベルの問題ではありません。政策面はともかく憲法的には、徴兵制の実現など一瞬です。憲法18条の「何人も、その意に反する苦役に服させられない」について、徴兵制は苦役ではない、国民の崇高な責務であり栄誉だと「読み替え」ればいいだけです。思想良心の自由、信教の自由、表現の自由、学問の自由、職業選択の自由など、憲法で保障するあらゆる自由や権利が、いかようにも、時の権力の読み替えによって侵害されるようになるのです。

つまり、憲法が憲法でなくなってしまうのです。

❖安倍内閣は昭和47年政府見解にしがみつくしかない

私は3月24日以降、この問題を国会で必死で追求をして、安倍政権は、今こういうところまで追いつめられています。

まず、「読み替え」を根拠づける資料は何も政府の中に存在しない。内閣法制局の中には、吉國長官等のはんこが捺された表紙を含めた計9ページの起案文書そのものと、その本文をタイプ打ちで清書した紙2枚があるだけ。つまり、安倍政権は、「同盟国に対する外国の武力攻撃」とも読めるじゃないですか、としか言えない。

さらに、昭和47年にこの政府見解を出す前にも後にも、憲法9条で集団的自衛権、限定的な集団的自衛権行使なるものを含めて、それができると認めた国会答弁や政府見解は一つもないんですよ。

それは当たり前なんです。さっき申し上げたように、憲法9条の解釈は憲法制定議会からは一貫して日本が武力攻撃を受けたときの正当防衛しかできない、さらに、憲法9条の条文を変えない限りできないとまで言っているわけですから当たり前なんですが、この昭和47年政府見解の前後には何もないんですよ。

ようするに、安倍政権は昭和47年見解によっかかるしかない。この昭和47年政府見解に

しがみついて、これに集団的自衛権が書いてあるというふうに安倍政権は言い張るしかないんですね。そう読めるじゃないですか、とすがりつくしかない。

ですので、これがそういう文書であるわけがない、だって作った人が、「いかに読んでも読み切れない」、「同盟国に対する武力攻撃だけでは、日本国民の生命などはくつがえらない」、「よもや憲法9条が許しているとは思えない」、「憲法9条の条文を変えない限りできない」、「自衛かつ他衛の集団的自衛権は認められない」――こう言っているんだから、ということを国民の皆さんに知っていただき、みんなで声を上げれば、それで解釈改憲も安保法制も「ジ・エンド」なんです。これで終わりなんです。

❖安保法制の衆議院及び参議院の特別委員会での追及

この問題は、衆議院の安保法制の特別委員会でも最大の論点として、民主党の議員が何度も厳しく政府を追及しました。

特に、6月22日の参考人質疑の機会では、かつて横畠内閣法制局長官の上司だった元内閣法制局長官の法政大学法科大学院教授宮﨑礼壹先生が出席し、この本で紹介した吉國長官や真田次長の答弁などに言及しつつ、

「47年政府意見書から、集団的自衛権の限定的容認の余地を読み取ろうというのは、前後の圧倒的な経緯に明らかに反します」

と述べ、また、

「現在の政府答弁は、47年意見書に我が国に対すると明白には書かれていないから、『外国の武力攻撃』とある表現には、我が国と密接な関係にある外国に対する武力攻撃も含むと読めると強弁して、いわゆる新三要件には47年見解との連続性があると主張しているわけですが、これは、いわば、黒を白と言いくるめる類いと言うしかありません」

と喝破しています。

また、先ほどご説明したように、安倍内閣は、昭和47年政府見解の前後において、7・1閣議決定が容認した「限定的な集団的自衛権行使」を認めた政府見解や国会答弁は一つも存在しないことを認めています。しかし、この見解は逆に、**昭和47年政府見解と、その前後のすべての政府見解や国会答弁が「あらゆる集団的自衛権行使は違憲であると明言している」こととの矛盾についてどのような説明ができるのか、**という問題を安倍内閣に突きつけることになります。つまり、7・1閣議決定が自ら記している「論理的整合性と法的安定性」の問題が問われるのです。

これに対して、横畠法制局長官は、昭和47年政府見解の前後の政府見解や国会答弁は、『限定的な集団的自衛権行使』を含むあらゆる集団的自衛権行使を違憲と述べているだけであって、そのすべての政府見解や国会答弁において『限定的な集団的自衛権行使』が合憲であることは法理として否定されていない」という、御都合主義の論理破綻した主張を展開しています。

母集団全体を違憲と言えば、当然その部分集合も違憲に決まっています。

これは、政府としてはどのようにしても論理的な説明のしようがないので必死になって強弁をしているだけなのですが、これについても、宮﨑元内閣法制局長官は参考人意見において、積み重ねられた累次の政府見解や国会答弁という「**歴史を甚だしく歪曲するもの**」と明解に断じられ、そして意見陳述の結論として、「**集団的自衛権の行使容認は、限定的と称するものを含めて、従来の政府見解とは相入れないものであって、これを内容とする今回の法案部分は、憲法9条に違反し、速やかに撤回されるべきものである**」と安保法制が違憲立法であることを「法の番人」（安倍内閣以前の内閣法制局長官に対する尊称）として明言されています。

こうした衆議院の特別委員会における民主党議員の追及や宮﨑元長官の信念ある発言によって、この「昭和47年政府見解の読み替え」が安保法制の核心的な問題であることは、一部のインターネットメディアや週刊誌、月刊紙、新聞紙に加えて一部の全国紙などでも、その真相に迫る記事が出されるようになっていました。

しかし、そうした追及を逃れるために、安倍総理や閣僚、そして横畠内閣法制局長官は、まさに、へりくつやはぐらかしや時間稼ぎによる答弁拒否を繰り返し、そして、最後には、自民党総裁でもある安倍総理と与党は、特別委員会の審議を打ち切って、安保法制を強行採決したのです。

ところで、去る8月3日の参議院の特別委員会において、私は質疑に立ち、「昭和47年政府見解の読み替え」問題について、以下の極めて重要な追及を行っています。（質疑関連資料は小西ホームページに掲載されています）

（1）昭和47年政府見解の作成契機となった同年9月14日参議院決算委員会の吉國長官の

〈図15〉

■安倍政権の説明イメージ

「個別的自衛権」と「限定的な集団的自衛権」は合憲で、「非限定的な集団的自衛権」は違憲としている。この二つの集団的自衛権の両方を合わせた、あらゆる集団的自衛権の母集団のことを「フルセット（orフルスペック）の集団的自衛権」と呼称している。

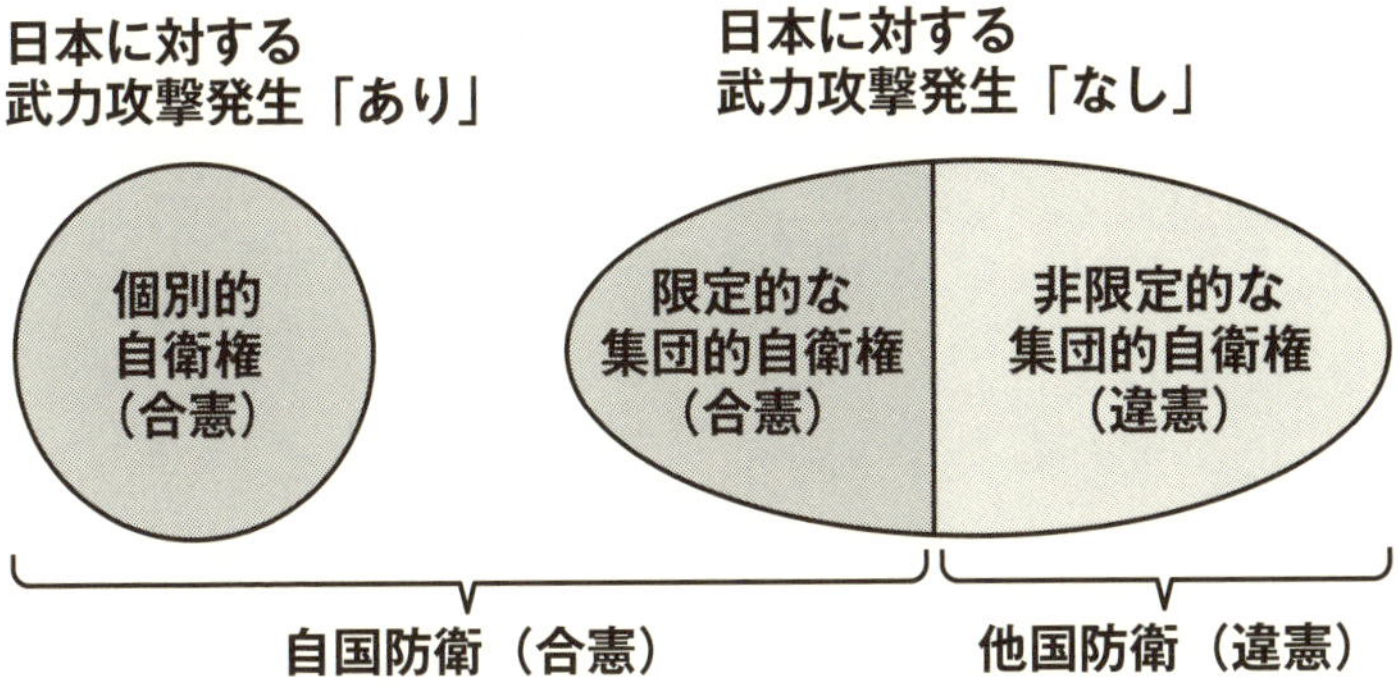

【参考】個別的自衛権とあらゆる集団的自衛権は「日本に対する武力攻撃が発生しているか否か」で絶対的に分けられ、概念として交わることはない。日本に対する武力攻撃の発生である「武力攻撃の着手」に至った段階で個別的自衛権の世界となる。

答弁の中に、「限定的な集団的自衛権行使」の法理を含む憲法9条解釈の「基本的な論理」（7・1閣議決定）が存在すると横畠長官に答弁させた上で、その「基本的な論理」が具体的に書かれている9月14日の議事録の該当箇所とその説明文書を特別委員会に提出するよう要求した。

（2）昭和47年9月14日、吉國長官答弁は「他国が——日本とは別なほかの国が侵略されているということは、まだ我が国民が、我が国民のその幸福追求の権利なり生命なり自由なりが侵されている状態ではないということで、まだ日本が自衛の措置をとる段階ではない。日本が侵略をされて、侵略行為が発生して、そこで初めてその自衛の措置が発動するのだ」というものだった。

この答弁に示された「同盟国等に対する外国の武力攻撃によって日本国民の生命等が根底からくつがえることはなく、自衛の措置は一切不可能」との法理に対し、なぜ、その吉國長官が作成した昭和47年政府見解から「限定的な集団的自衛権行使」を法理として読み取ることができるのかの論理的な説明文書を、特別委員会に提出するよう要求した。

後者（2）は、先にご説明した「日本国民の生命、自由及び幸福追求の権利が根底からくつがえされる」という言葉の生みの親であり、昭和47年政府見解の作成者である吉國長官が、9月14日の答弁で示した憲法9条解釈に反して、なぜ「昭和47年政府見解の読み替え」ができるのかについて、政府に文書で証明を求めたものです。

そして、前者（1）は、「限定的な集団的自衛権行使」の存在を「議事録の該当箇所という物証」で証明する義務を政府に負わせたものです。昭和47年政府見解に「限定的な集団的自衛権行使」の法理があるのなら、それを作るきっかけになった9月14日の吉國長官の答弁に「限定的な集団的自衛権行使」の法理が示されているはずという私の誘導尋問に横畠長官は引っかかり、それを物証により証明する責任を負ったのです。

今後、特別委員会に提出される内閣法制局の議事録の該当箇所及びその説明文書（直ちに小西ホームページにて公表します）を法律の専門家や報道機関など日本社会の叡智《えいち》で批判し、安倍政権を追及することで安保法制を阻止することができるのです。

なお、当然、9月14日の吉國長官答弁は、ひたすらあらゆる集団的自衛権行使は違憲であると述べているものであり、その議事録には「限定的な集団的自衛権行使」の法理などは影も形もありません。よって、安倍内閣はでたらめな内容の文書を提出することしかできず、現に、本日（8月10日）の段階でそのような情報を確認していますが、いずれにしても、民主主義国家と法治国家の存亡を懸けて、安倍内閣の回答を徹底的に批判する必要があるのです。

❖違憲立法は国政選挙を何度重ねても、永久に違憲のまま

今後の参議院での国会審議ですが、冒頭でご説明したように、どんなに民主党などの野党議員が頑張っても60日ルールという手段を強行し、衆議院で3分の2以上の賛成多数で再可決すれば、安保法制は法律として成立し、日本はいつでも集団的自衛権行使を発動できる国になってしまいます。

私は、安倍総理は、いよいよ追い詰められた時の最終手段として、この衆議院での再可決を必ず行ってくると確信しています。なぜなら、7・1閣議決定と安保法制は、「昭和47年政府見解の読み替え」という、真相さえ知れば中学生や高校生でも容易に理解できる単なるインチキの上に成り立っているからです。

だから、安倍総理とそれを支える確信犯的な官僚集団は、絶対に止まることができない

のです。止まると、倒れるしかない。何が何でも前に進むしかないのです。

ここで、皆さまにご理解いただきたいことは、この「からくり」が暴露され、それが現時点で、衆議院及び参議院の特別委員会、あるいは、それ以前の私の参議院外交防衛委員会、決算委員会、本会議での質疑によって国会の議事録に刻まれた以上、未来永劫、安倍内閣の解釈改憲と安保法制が法的な正当性を得ることはできないということです。なぜなら、将来のいつの時代の国民とその代表である国会議員が見ても、「昭和47年政府見解の読み替え」は、日本語が日本語である限り、この世に理屈や論理がある限り、絶対に許されるわけのない暴挙であるからです。

つまり、違憲の解釈変更と違憲の法律は、永久に「違憲のまま」なのです。そして、このことは、安倍内閣も、私が提出した質問主意書に対する政府答弁書において、「（筆者注：憲法を始めとする）**法令の解釈は、論理的になされるべきものであり、論理を離れて、「国政選挙の結果」によって左右されるというものではない**」（対小西洋之（参）憲法解釈と国政選挙の関係に関する質問主意書に対する政府答弁書（平成26年11月28日））と認めています。つまり、衆議院選挙や参議院選挙を何度重ねても、違憲の解釈変更とそれにもとづく違憲の法律は「永久に違憲無効」であり、国民の皆さんは何ら変わらぬ自分たちの憲法をその手に取り戻すことができるのです。

（なお、国会の議事録は永久保存であり、インターネットでいつでもどなたでも確認できます。http://kokkai.ndl.go.jp/）

❖違憲立法を既成事実化するための自衛隊の海外出動

しかし、万が一、安保法制が強行採決された時に、私がもっとも危惧していることは、安倍総理が早期の自衛隊の海外出動に着手するのではないか、ということです。お話したように、とんでもない暴挙を積み重ねている安倍総理は絶対に止まることができない。とすれば、安倍総理が行うことは、その暴挙を無かったことにするための「**事態の固定化**」です。「**違憲状態の既成事実化**」と言い換えてもかまいません。

本来ならば、成立した法律を廃止することや閣議決定を撤回することはいくらでも行うことができ、また、その前例も数え切れないほどあります。しかし、安倍総理は、自分が総理大臣の権力の座にある間に、目の前にある違憲立法への批判を封じ込め、将来においてこうした廃止や撤回を防ぎ、そして、違憲の安保法制という事態を永久にひっくり返すことができないようにするべく、自衛隊の海外への出動を強行し、憲法9条と前文の平和主義を文字どおり「死文化」させることを強行してくると考えています。

この事態の固定化には、本格的な戦争行為をする必要はありません。たとえば、海上自衛隊の護衛艦を、安保法制で可能となる米国の軍事活動の後方支援などに出動させるだけで、安保法制は実行されたことになり、日本国憲法の憲法規範としての権威は完全に地に落ちてしまいます。そして、その後に、憲法改正が仕掛けられ、憲法9条と前文の平和主義は文字どおり、この世から完全に失われてしまうことになるでしょう。

ですから、この参議院審議の間に、何が何でも、安保法制の成立を阻止し、これを廃案に追い込み、7・1閣議決定を破棄させなければなりません。そして、主権者である国民や議会制民主主義を無視し、否定する、このような暴挙を繰り広げてきた安倍内閣を退陣に追い込まなければなりません。

❖どうすれば安保法制を止められるか

そのためには、国民の皆さんに、中学生や高校生でもすぐに理解できる「昭和47年政府

見解の読み替え」のインチキについて声を上げていただき、この最強の論点で闘っていただくほかないと考えています。

こんな「読み替え」で私たちの憲法を勝手に変えるな！　日本を戦争ができる国にするな！　という、国民の皆さんの声がどんどん広がっていけば、この暴挙をご存じない、良識的な与党の国会議員の方々も、

「こんなとんでもないことをしているとは知らなかった。こんな言葉遊びで、憲法の戦争放棄や平和主義を捨て去ってしまい、自衛隊員を集団的自衛権の武力行使に出動させたり、国民をその戦争に巻き込んで死傷させてしまってはいけない。また、こんなことを認めたら、もう日本は法治国家でなくなってしまい、議会制民主主義の国でもなくなって、専制国家になってしまう」

とお考えになり、解釈改憲と安保法制から手を引く、あるいは、積極的に反対し、声を上げてくださるようになるでしょう。

安倍総理を止めるただ一つの方法は、彼の権力基盤を突き崩すことです。

政治権力は一人では行使できません。安倍総理を支えてしまっている国会議員に国民の皆さんの声を届けることがいちばん重要なのです。それは、自民党など与党の国会議員の皆さん、安保法制を応援してしまっている一部野党の国会議員の皆さんが、「**いくら何でも、こんなめちゃくちゃなことには付き合いきれない**」とお考えになり、国民の皆さんのために行動していただくことなのです。

幸い参議院は来年2016年7月に必ず選挙があります。

参議院の与党議員の方々の多くは、「昭和47年政府見解の読み替えの問題は、自分の参議院選挙のときでも、まったくそのまま存在し続ける。こんな問題を抱えて、国民の皆さんの大きな反対世論の中で、選挙ができるのだろうか」ときっと心配になってきます。参議院は「良識の府」です。その不安の気持ちを、国民のための行動の確信に変えていただくのです。

また、衆議院はいついかなるときでも解散総選挙があります。60日ルールによる衆議院での再可決を阻止することも不可能ではありません。

国民の皆さんの声が大きくなれば、いつ選挙があるかわからない常在戦場といわれる衆議院議員の先生方にもそれが届き、衆議院での3分の2の多数による再可決を阻止することも可能になるのです。昭和47年政府見解の読み替えのインチキは永久に消すことはできません。一人しか当選できない小選挙区制で、選挙期間に必ず行われる新聞社アンケートやテレビ討論などで、「私は、昭和47年政府見解の読み替えに賛成します」とはなかなか言えないはずなのです。

7月16日の衆議院の本会議の際には、特別委員会の審議を打ち切っての強行採決であったため、この「読み替え」という根本のインチキを多くの衆議院議員の方々は正確にご存じではありませんでした。

しかし、国民の皆さんの怒りの声が届けば、「**二度にわたって**」このようなインチキの違憲立法に賛成票を投じてしまうことを、多くの衆議院議員は、きっと信念を持って拒否してくださるはずです。

また、解釈改憲と安保法制を先導してきた官僚も動揺しています。

私が3月に昭和47年政府見解の読み替えを暴露したときから、多くの安保法制に携わる官僚の皆さんから「参りました」という声を聞いています。官僚は優秀ですから、「こんなめちゃくちゃな話がいつまでも持つわけがない」とすべてを理解しています。安倍総理が「読み替え」という暴挙をその政治力で維持できなくなれば、自分たちの保身のために、あっという間に手を引いていきます。

その結果、安倍総理は、国会議員からも官僚からも見放され、裸の王様になって政権を維持できなくなるのです。その時に、安保法制は倒れ、憲法を国民の皆さまの手に取り戻すことができるのです。

どうか、身の回りのあらゆる方々にこのお話を伝えていただき、また、電話やＦＡＸ、手紙やビラ、インターネットのフェイスブックやブログ、ツイッターなどあらゆる手段で、一人でも多くの方々に届けていただきたいと願っています。毎日、何度も何度も繰り返し発信をしていただくことが大切です。

また、その際には、お住まいの選挙区の与党の国会議員や政党支部、あるいは、東京の政党本部に対して、国会議員としてこんな「読み替え」に賛成なさるべきでないことを意見し、同時に、その議員や政党の考えを確認することもできます。すべての国会議員は、憲法遵守擁護義務を負っており（憲法99条）、「昭和47年政府見解の読み替えを認めるのですか？　それはなぜですか？」という国民の皆さんの真剣かつ真摯な声を無視することはできないはずですから、これはとても重要な方法です。

さらに、税金からなる政党交付金をもらっている政党は、政党助成法第1条に「日本の民主政治の健全な発展に寄与することを目的」として政党交付金が交付されることになっていますので、「あなたの政党は、昭和47年政府見解の読み替えを認めるのですか？　それはなぜですか？　こんなことが民主政治の健全な発展になるのですか？」と聞いていただくこともできます。

解釈改憲と安保法制は、国民の皆さんの力で阻止することができるのです。
憲法は安倍総理のものではありません。与党議員のものでもありません。
ただ一人、主権者である国民の皆さんだけのものです。
主権者である国民の皆さんの手に憲法を取り戻す。

今を生きる私たちのために、将来の子どもたちのために、絶対に取り戻さなければいけない。

私も、先輩同僚の国会議員とともに、国民の皆さんと力を合わせて全力で闘うことを誓います。ともに頑張りましょう！

本書は、株式会社八月書館から出版の「私たちの平和憲法と解釈改憲のからくり」（副題：専守防衛の力と安保法制「違憲」の証明）の第一章を元に構成したものです。集団的自衛権行使についての他の違憲論点（憲法前文の平和主義の切り捨て等）や歯止めなき海外派兵、専守防衛の改変などの運用面の問題などについては、当書をご参照いただければ幸いです。

◆著者プロフィール

小西洋之（こにし・ひろゆき）

参議院議員
「安保法制に関する特別委員会」委員
参議院憲法審査会幹事
民主党政策調査会副会長

1972年生。東京大学教養学部卒。コロンビア大学国際公共政策大学院、東京大学医療政策人材養成講座修了。

総務省・経産省課長補佐を経て、2010年参院選（千葉県選挙区）で当選。

これまで、東日本大震災復興特区法、国際戦略・地域活性化総合特区法、医療法医療計画、がん対策推進基本計画、障害者総合支援法、郵政民営化法等改正法などの法制度の立案等に従事。

現在は、予算委員会、外交防衛委員会委員、民主党安全保障総合調査会事務局次長などを務める。

著書『いじめ防止対策推進法の解説と具体策』（2014年小社刊）。

■HP　http://konishi-hiroyuki.jp/
■MAIL　info@konishi-hiroyuki.com

日本を戦争する国にしてはいけない
違憲安保法案「ねつ造」の証明

2015年8月31日　第1版第1刷発行

著　者　小西洋之

発行者　玉越直人

発行所　WAVE出版
〒102-0074 東京都千代田区九段南 4-7-15
TEL 03-3261-3713　FAX 03-3261-3823
振替 00100-7-366376
E-mail : info@wave-publishers.co.jp
http://www.wave-publishers.co.jp/

印刷・製本　中央精版印刷

ISBN978-4-87290-772-8
NDC310 95p 19cm